MARCHA CRIANÇA

3º ANO
ENSINO FUNDAMENTAL

LÍNGUA ESPANHOLA

Mirtha Daisy Debia Bustos

Natural do Uruguai, é bacharela licenciada em Letras – Português e Espanhol. É também bacharela em Literatura Espanhola, Portuguesa e Hispano-americana. Em 2004, concluiu o Curso de Especialização e Extensão em Fonética, Fonologia e Morfologia pela Pontifícia Universidade Católica de São Paulo (PUC-SP). Professora de Língua Espanhola desde 1995. Atualmente leciona na Escola Santa Marina, em São Paulo (SP).

Tânia Moraes Gaspar

Bacharela e licenciada em Língua Portuguesa e Língua Inglesa, com curso de complementação pedagógica pelo Instituto Metodista de Ensino Superior. Fez estágio de observação em salas de aula com crianças de 4 a 10 anos em Londres, na Tassis School. Nessa mesma cidade cursou a Saint George School.

editora scipione

Presidência: Mario Ghio Júnior
Direção editorial: Lidiane Vivaldini Olo
Gerência editorial: Viviane Carpegiani
Gestão de área: Tatiany Renó
Edição: Marina S. Lupinetti (coord.), Caroline Zanelli e Marina Caldeira Antunes (assist.)
Planejamento e controle de produção: Flávio Matuguma, Juliana Batista, Felipe Nogueira e Juliana Gonçalves
Revisão: Kátia Scaff Marques (coord.), Brenda T. M. Morais, Claudia Virgilio, Daniela Lima, Malvina Tomáz e Ricardo Miyake
Arte: André Gomes Vitale (ger.), Catherine Saori Ishihara (coord.) e Claudemir Camargo Barbosa (edição de arte)
Diagramação: Essencial Design
Iconografia e tratamento de imagem: Denise Kremer e Claudia Bertolazzi (coord.), Fernanda Gomes (pesquisa iconográfica) e Fernanda Crevin (tratamento de imagens)
Licenciamento de conteúdos de terceiros: Roberta Bento (ger.), Jenis Oh (coord.), Liliane Rodrigues, Flávia Zambon e Raísa Maris Reina (analistas de licenciamento)
Ilustrações: Fernanda Monteiro (Aberturas de unidade) e Ilustra Cartoon
Design: Erik Taketa (coord.) e Gustavo Vanini (proj. gráfico e capa)
Ilustração de capa: Estúdio Luminos

Todos os direitos reservados por Somos Sistemas de Ensino S.A.
Avenida Paulista, 901, 6º andar – Bela Vista
São Paulo – SP – CEP 01310-200
http://www.somoseducacao.com.br

Dados Internacionais de Catalogação na Publicação (CIP)

```
Bustos, Mirtha Daisy Debia
   Marcha Criança : Língua espanhola : 1º ao 5º ano /
Mirtha Daisy Debia Bustos, Tânia Moraes Gaspar. -- 3.
ed. -- São Paulo : Scipione, 2020.
   (Coleção Marcha Criança ; vol. 1 ao 5)

Bibliografia

1. Língua espanhola (Ensino fundamental) - Anos iniciais
I. Título II. Gaspar, Tânia Moraes III. Série

                                              CDD 372.6
20-1103
```

Angélica Ilacqua - Bibliotecária - CRB-8/7057

2024
Código da obra CL 745871
CAE 721117 (AL) / 721118 (PR)
ISBN 9788547402778 (AL)
ISBN 9788547402785 (PR)
3ª edição
9ª impressão

Impressão e acabamento: Vox Gráfica / OP: 247474

Uma publicação

Com ilustrações de **Fernanda Monteiro**, seguem abaixo os créditos das fotos utilizadas nas aberturas de Unidade:

Unidade 1: Mata: Tomas Klema/Shutterstock, **Bola de futebol:** Smileus/Shutterstock, **Árvore com folhas amarelas:** Perutskyi Petro/Shutterstock, **Bola de vôlei:** Polina Lobanova/Shutterstock, **Árvore:** Jan Martin Will/Shutterstock, **Arbustos com flores:** sakdam/Shutterstock, **Arbusto:** nasidastudio/Shutterstock.

Unidade 2: Cidade: Marianna Ianovska/Shutterstock, **Árvores:** Perutskyi Petro/Shutterstock, **Escorregador:** SabOlga/Shutterstock, **Gira-gira:** a_v_d/Shutterstock, **Pães:** Ivan Kovbasniuk/Shutterstock, **Placa de trânsito de pedestre:** pixelsnap/Shutterstock, **Alfalto:** Borja Andreu/Shutterstock, **Placa de proibido buzinar ou acionar sinal sonoro:** Thoreau/Shutterstock, **Árvore:** Perutskyi Petro/Shutterstock, **Telhado:** i-jack vin/Shutterstock, **Moto:** Dimitris Leonidas/Shutterstock, **Portão:** Sasin Paraksa/Shutterstock, **Arbustos com flores:** sakdam/Shutterstock.

Unidade 3: Panela: Alekseykolotvin/Shutterstock, **Vasos com planta:** motorolka/Shutterstock, **Chão:** Ivaylo Ivanov/Shutterstock, **Panela com feijão:** endeavor/Shutterstock, **Prato com peixe:** Fotofairy777/Shutterstock, **Prato com frango assado:** Africa Studio/Shutterstock, **Tijela com arroz:** pukao/Shutterstock, **Tijela com salada:** Svitlana-ua/Shutterstock, **Prato com cenoura cortada:** Marcelo_Krelling/Shutterstock, **Cidade na janela:** Shelly Bychowski Shots/Shutterstock.

Unidade 4: Plantação: Pabkov/Shutterstock, **Trator:** Photobac/Shutterstock, **Cesto:** turtix/Shutterstock, **Lago:** Julneighbour/Shutterstock, **Gramado:** Supranee/Shutterstock, **Cerca:** OKAWA PHOTO/Shutterstock, **Lama:** aleksandr Naim/Shutterstock.

APRESENTAÇÃO

Esta coleção, agora reformulada com inúmeras novidades, foi especialmente desenvolvida pensando em você, aluno dos Anos Iniciais do Ensino Fundamental, pois sabemos dos seus anseios, suas curiosidades, seu dinamismo e sua necessidade de descobrir novos horizontes.

Cada volume vai ajudá-lo a adquirir conhecimentos sobre a Língua Espanhola e a cultura de seus falantes, além de trazer peculiaridades e curiosidades, seja desenhando, pintando, brincando, cantando, escutando, escrevendo e falando, seja interagindo com o vocabulário e as estruturas apresentadas de modo divertido e prazeroso!

Pronto? Então prepare-se para viajar nesse universo e... boa marcha rumo ao conhecimento!

¡Bienvenido al mundo hispánico!

As autoras

ACÉRCATE A TU LIBRO

Veja a seguir como o seu livro está organizado.

UNIDAD
Seu livro está organizado em quatro unidades temáticas, com aberturas em páginas duplas. Cada unidade tem duas lições.

As aberturas de unidade são compostas dos seguintes boxes:

ENTRA EN ESTA RUEDA
Você e seus colegas terão a oportunidade de conversar sobre a cena apresentada e a respeito do que já sabem sobre o tema da unidade.

EN ESTA UNIDAD VAMOS A ESTUDIAR...
Você vai encontrar uma lista dos conteúdos que serão estudados na unidade.

¿CÓMO SE DICE?
Esta seção tem o propósito de fazer você observar e explorar a cena de abertura da lição, interagindo com ela. Permite também que você entre em contato com as estruturas e as palavras que serão trabalhadas, além de desenvolver suas habilidades auditiva e oral.

¿CÓMO SE ESCRIBE?
Esta seção traz atividades que vão possibilitar a você trabalhar com a escrita de palavras e de expressões novas.

¡AHORA LO SÉ!
Esta seção propõe diversas atividades que vão ajudar você a sistematizar os conhecimentos adquiridos.

GLOSARIO
Traz as principais palavras em espanhol apresentadas ao longo do volume, seguidas da tradução para o português.

¡AHORA A PRACTICAR!

Esta seção propõe atividades para reforçar o que foi estudado na lição. Você vai colocar em prática o que aprendeu nas seções anteriores.

EL TEMA ES...

Esta seção traz uma seleção de temas para você refletir, discutir e aprender mais, podendo atuar no seu dia a dia com mais consciência!

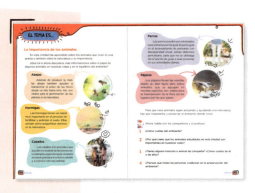

¡EN ACCIÓN!

Esta seção propõe atividades procedimentais, experiências ou vivências para você aprender na prática o conteúdo estudado.

≥ **Material complementar** ≤

CUADERNO DE CREATIVIDAD Y ALEGRÍA

Contém atividades lúdicas extras e peças de recorte ou destaque para que você aprenda enquanto se diverte e **adesivos** que serão utilizados ao longo do livro.

REPASO

Esta seção, localizada ao final do livro, traz atividades de revisão para cada uma das lições.

LIBRO DE LECTURA

Apresenta um conto clássico reescrito em espanhol para que você seja inserido gradualmente no mundo maravilhoso da literatura!

≥ **Estes ícones ajudarão você a entender** ≤
o que fazer em cada atividade!

 Atividade em dupla	Atividade em grupo	Atividade oral	Adesivos
Desenhar	Circular	Colar	Numerar
Colorir	Ligar os pontos	Relacionar	Áudio

Cinco

SUMARIO

UNIDAD 1 — EL CUERPO HUMANO Y LOS DESPORTES 8

⇒ LECCIÓN 1 ⇐
El cuerpo humano 10

- Artículos determinados: **el/los, la/las**
- Verbo **ser**: presente de indicativo
- Las partes del cuerpo humano
- Las características físicas

⇒ LECCIÓN 2 ⇐
Los deportes 20

- Verbo **practicar**: presente de indicativo
- Contracciones: **al** y **del**

¡En acción! Practicar deportes 30

UNIDAD 2 — MI LUGAR 32

⇒ LECCIÓN 3 ⇐
Mi casa 34

- Verbo **estar**: presente de indicativo
- Las partes de una vivienda

⇒ LECCIÓN 4 ⇐
Mi barrio 44

- Los elementos de un barrio
- Localización espacial

El tema es... Mi casa, tu casa, tantas casas 54

UNIDAD 3 — ¡QUÉ RICO ES COMER! 56

LECCIÓN 5
Los alimentos 58

Las comidas

Verbo **gustar**: presente de indicativo

LECCIÓN 6
La hora de comer 68

Utensilios de cocina

Formación del plural

¡En acción! Conociendo el guacamole 78

UNIDAD 4 — LA VIDA AL AIRE LIBRE 80

LECCIÓN 7
La granja 82

Los animales de la granja

Pronombres demostrativos

LECCIÓN 8
La naturaleza 92

Los elementos de la naturaleza

Los días de la semana

El tema es... La importancia de los animales 102

REPASO 1: El cuerpo humano 104

REPASO 2: Los deportes 106

REPASO 3: Mi casa 108

REPASO 4: Mi barrio 110

REPASO 5: Los alimentos 112

REPASO 6: La hora de comer 114

REPASO 7: La granja 116

REPASO 8: La naturaleza 118

GLOSARIO 120

SUGERENCIAS PARA EL ALUMNO 127

BIBLIOGRAFÍA 128

Jarry/Shutterstock

UNIDAD 1
EL CUERPO HUMANO Y LOS DEPORTES

Entra en esta rueda
- ¿Dónde están los niños en esta escena?
- ¿Qué hacen en este lugar?
- ¿Cuál de las actividades de la escena sueles practicar?

En esta Unidad vamos a estudiar...
- Las partes del cuerpo humano.
- Los artículos determinados **el/los**, **la/las**.
- Los verbos **practicar** y **ser** en presente de indicativo.
- Las características físicas.
- Los deportes.
- Las contracciones **al** y **del**.

LECCIÓN 1 — EL CUERPO HUMANO

¿Cómo se dice?

UNO, DOS, TRES, CUATRO, CINCO, SEIS, SIETE, OCHO. ¡MUY BIEN!

- la cabeza
- el cuello
- el tronco
- el hombro
- la mano
- la rodilla
- el pie

Para aprender un poco más...

Artículos determinados

El pelo es corto. 	**Los** ojos son verdes. 
La boca es rosa. 	**Las** manos están sucias. 

Verbo ser	
Yo	soy
Tú/Vos*	eres/sos*
Él/Ella/Usted	es
Nosotros(as)	somos
Vosotros(as)	sois
Ellos/Ellas/Ustedes	son

* **Tú** y **vos** tienen el mismo significado y son utilizados en diferentes países o regiones.

Once 11

¿Cómo se escribe?

1 Pega en las figuras los adhesivos que están en el **Cuaderno de creatividad y alegría**. Después, completa las frases.

.... de Julia están sucias.

Pedro tiene .... grandes.

Marcelo tiene .... negros.

Juan tiene .... fuertes.

2 Completa el crucigrama con los nombres de las partes del cuerpo humano.

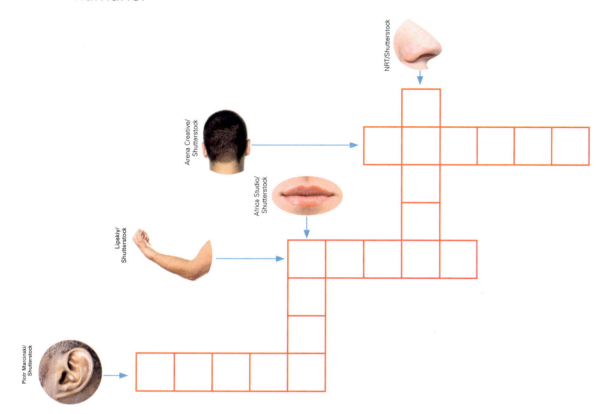

3 Numera las partes del cuerpo en el orden que escuchas.

Trece 13

¡Ahora lo sé!

1 Observa las figuras y completa el texto con las características del cuadro.

● Leonardo   ● Gabriela   ● Renato

Pelo	Estatura	Ojos	Piel
corto largo			
rizado liso		negros	
negro	alto(a)	castaños	negra
castaño	bajo(a)	verdes	morena
rubio		azules	blanca
pelirrojo			

a) Leonardo _____, tiene los ojos _____ y la piel _____. Su pelo _____, _____ y _____.

b) Gabriela _____, tiene los ojos _____ y la piel _____. Su pelo _____, _____ y _____.

c) Renato _____, tiene los ojos _____ y la piel _____. Su pelo _____, rubio y _____.

2 Completa los espacios con las características de tu mejor amigo(a). Después, dibújalo(a) en el recuadro.

> bajo(a)   alto(a)   negros   castaños   azules   verdes
> castaño   rubio   negro   pelirrojo   largo   corto

Mi mejor amigo(a) es ...., sus ojos son .... y su pelo es .... y .... Su nombre es ....

¡Ahora a practicar!

1 Escucha y señala.

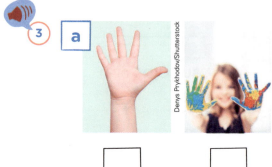

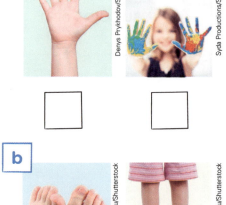

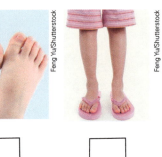

2 Completa las frases con los verbos del recuadro.

| soy   somos   eres   es   sois   son   es |

a) Ella .... muy alta.

b) Yo .... muy estudiosa.

c) Tú .... muy bonito.

d) Nosotros .... amigos.

e) Usted .... muy valiente.

f) Ellos .... hermanos.

g) ¿Vosotros .... amigos de Manuela?

3 Completa el diálogo entre Caperucita Roja y el lobo con las palabras del recuadro.

> orejas   dientes   ojos

[...]

La niña se acercó a la cama y vio que su abuela estaba muy cambiada.

—Abuelita, abuelita, ¡qué _____ más grandes tienes!

—Son para verte mejor —dijo el lobo tratando de imitar la voz de la abuela.

—Abuelita, abuelita, ¡qué _____ más grandes tienes!

—Son para oírte mejor —siguió diciendo el lobo.

—Abuelita, abuelita, ¡qué _____ más grandes tienes!

—Son para... ¡comerte mejoooor! —y diciendo esto, el lobo malvado se abalanzó sobre la niñita y la devoró, lo mismo que había hecho con la abuelita.

[...]

Disponible en: <https://bme.es/peques/ELBUSINFANTIL/MATERIALES/constructivismo/Cuentos%20C/primavera/caperucita.htm>. Acceso el: 10 ene. 2020.

¿Lo sabías?

En español, algunas palabras pueden variar según el país donde se habla esa lengua. Observa:

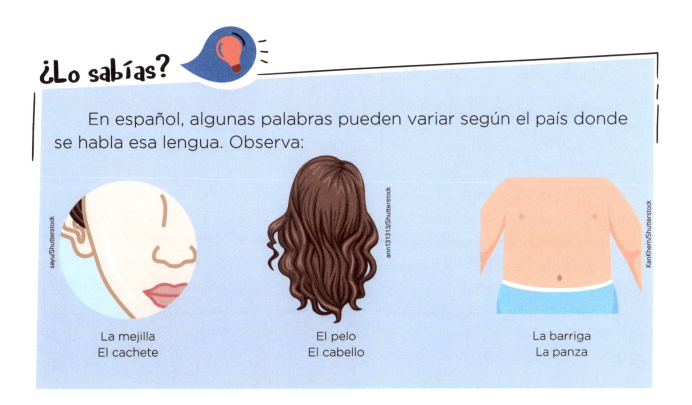

La mejilla / El cachete

El pelo / El cabello

La barriga / La panza

4 Lee el poema y, después, haz un dibujo para ilustrarlo.

Esponja de colores

La esponja amarilla
amarilla como el sol
recorre todo mi cuerpo
y se detiene en mi corazón.

Esta esponja es verde
como las plantas del jardín:
me acaricia, muy mimosa,
mejillas, frente y nariz.

La esponja anaranjada
como naranja jugosa
salpica mis piernecillas
con agüita espumosa.

Rosa es esta esponja
como una hermosa flor;
la comparto con un amigo
y nos hace cosquillas a los dos.

Me gusta la esponja azul
azulita como el cielo,
recorre cuello y espalda
y me moja los cabellos.

Esta esponja blanca,
como la espuma del jabón,
bebió agua tibiecita
y entre mis manos se escondió.

[…]

Nilda Zamataro. Disponible en: <https://menudospeques.net/recursos-educativos/poesias/poesias-colores/esponjas-colores>. Acceso el: 23 ene. 2020.

5 Elige una figura para ilustrar el poema que has leído.

6 ¿Vamos a recordar las comparaciones que hace el poema con las esponjas? Relaciona las columnas.

LECCIÓN 2 — LOS DEPORTES

Para aprender un poco más...

Verbo **practicar**	
Yo	practico
Tú/Vos	practicas/practicás
Él/Ella/Usted	practica
Nosotros(as)	practicamos
Vosotros(as)	practicáis
Ellos/Ellas/Ustedes	practican

Contracciones	
a + el = al	de + el = del
Pablo va a la playa. Él también va **al** club.	Luis participó de las Olimpiadas de la escuela. Él también participó **del** torneo de fútbol.

¿Cómo se escribe?

1 Ordena las letras y descubre qué deportes practican los niños. Luego, relaciónalos con las fotos.

olbioelv
....

nicntaóa
....

tsien
....

neajiatp
....

lbútfo
....

otsenoablc
....

2 Lee el texto y contesta a las preguntas.

> Hoy es domingo.
> Alejandro y Pablo van al club.
> Alejandro va a practicar la natación.
> Pablo va a practicar el fútbol.

a) ¿Qué día es en el texto?

b) ¿Adónde van los niños?

c) ¿Quién va a practicar la natación?

d) ¿Quién va a practicar el fútbol?

e) Y tú, ¿cuál es tu deporte preferido?

3 Vamos a leer.

¡Ahora lo sé!

1 Completa las frases con la conjugación correcta del verbo **practicar**.

| practico | practican | practicamos | practicáis | practicas |

a) Yo .... la natación todos los días.

b) ¿Tú .... algún deporte?

c) Nosotros .... el fútbol los domingos.

d) Ellos .... el voleibol todos los jueves.

e) ¿Vosotros .... el tenis?

2 Relaciona las palabras que están en los recuadros de mismo color y forma frases.

Los	del	amigos	Pablo	domingo
Hoy	Alejandro	Brasil	practicar	es
la	llegó	es	cansado	al
club	de	a	pentacampeón	fútbol
va	van	muy	club	natación

a) ....

b) ....

c) ....

d) ....

e) ....

3 Lee las frases y pega los adhesivos correspondientes que están en el **Cuaderno de creatividad y alegría**.

a) Ana y Elis practican el voleibol en la escuela.

b) Pablo practica el motociclismo.

c) Juliana es campeona de baloncesto.

d) Brasil es campeón femenino de balonmano.

4 Completa las frases con las contracciones **al** o **del**.

a) Voy .... museo.

b) Nosotros regresamos .... cine.

c) Esta jugadora de fútbol es la favorita .... campeonato.

d) A mí me gusta jugar .... voleibol.

¡Ahora a practicar!

1 Escucha y señala.

 a
 c

 b
 d

2 Señala los deportes que utilizan pelota(s).

a) la vela

c) el buceo

e) el béisbol

b) el atletismo

d) las canicas

f) el voleibol de playa

26 Veintiséis

3 Completa el texto con las palabras del recuadro.

> fútbol   voleibol   patinaje   natación

Gran deportista

Soy, soy, soy un gran deportista

Soy, soy, soy un gran deportista

Me gusta la ....

En días de verano

Me gusta jugar al ....

Con mis amigos, en el campo

Soy, soy, soy un gran deportista

Soy, soy, soy un gran deportista

Me gusta el ....

En la playa, con mis hermanos

Me gusta practicar el ....

Para sentir el viento en mi pelo

Soy, soy, soy un gran deportista

Soy, soy, soy un gran deportista

Mariangela Secco.

¿Lo sabías?

Los anillos olímpicos son el principal símbolo de los Juegos Olímpicos. Este símbolo está compuesto por cinco aros entrelazados de colores azul, amarillo, negro, verde y rojo, representando la unión de los cinco continentes: Europa, Asia, África, Oceanía y América.

4 Vamos a leer.

Gaturro 6, de Nik. Buenos Aires: Ediciones de la Flor, 2005.

5 Completa la frase sobre la historieta con las palabras del recuadro.

| gol   arco   personajes   araña |

Los _____ no pueden hacer el _____ porque la _____ tejió su telaraña en el _____.

6 ¿Qué deporte están practicando los personajes de la historieta?

....

7 Los personajes de la historieta se sorprenden al final porque no pudieron hacer el gol. Señala el único personaje que se pone contento.

a) ☐ La profesora, que es el árbitro.

b) ☐ Gaturro, que habla al final.

c) ☐ La araña.

d) ☐ El ratón.

e) ☐ El pez.

8 Señala qué partes del cuerpo los personajes de la historieta usan para jugar el deporte.

a) ☐ Las manos y los pies.

b) ☐ La cabeza y las piernas.

c) ☐ Los pies y la cabeza.

9 Ahora, conversa con los compañeros y el profesor sobre las preguntas siguientes.

a) ¿Qué deportes practicas cuando estás con tus amigos?

b) ¿En qué lugares lo practicas: en un club, en una plaza, en el jardín o patio de casa?

c) ¿Qué importancia tiene la práctica de los deportes y actividades físicas para el cuerpo y la mente?

¡EN ACCIÓN!

Practicar deportes

En esta Unidad aprendimos nuevas palabras sobre el cuerpo humano, los deportes y las actividades físicas. Ahora observa las siguientes imágenes.

¿Qué tal si creamos un cartel para incentivar la práctica de deportes y actividades físicas? Para eso, reúnete en grupo y sigue las orientaciones que aparecen a continuación.

Útiles para esta actividad

- Cartulina
- Lápices de colores
- Periódicos
- Tijera escolar (de puntas redondas)
- Pegamento en barra

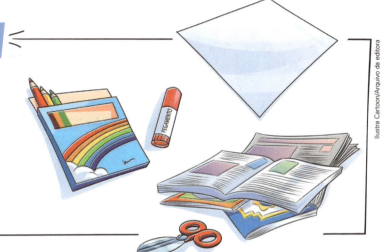

1. Elige con tus compañeros uno de los deportes presentados en la página anterior como tema del cartel de ustedes. Busca informaciones e imágenes sobre el deporte elegido.

2. Corta con la tijera las imágenes y pégalas en la cartulina.

3. Escribe el nombre del deporte elegido en la cartulina con los lápices de colores. Puedes también dibujar imágenes que ilustren el tema del cartel.

4. Enseña el cartel terminado a los demás alumnos de tu clase y explícales por qué el grupo ha escogido el deporte.

5. Expón el cartel en un mural en el aula o en algún espacio de la escuela.

UNIDAD 2

MI LUGAR

Entra en esta rueda
- ¿Qué tipo de lugar ves en esta escena?
- ¿Qué semejanzas hay entre este lugar y el barrio donde vives?

En esta Unidad vamos a estudiar...
- Las partes de una vivienda.
- El verbo **estar** en presente de indicativo.
- Los elementos de un barrio.
- La localización espacial.

LECCIÓN 3 — MI CASA

Para aprender un poco más...

Verbo estar	
Yo	estoy
Tú/Vos	estás
Él/Ella/Usted	está
Nosotros(as)	estamos
Vosotros(as)	estáis
Ellos/Ellas/Ustedes	están

el garaje

Yo **estoy** en el jardín.

Mi hermana **está** en la ventana.

Mi padre **está** en el garaje.

Nosotros **estamos** enfrente de la casa.

¿Cómo se escribe?

1 Escucha y practica.

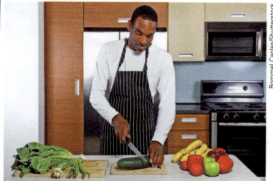
● la cocina

● el salón

● la habitación

● el cuarto de baño

● Ahora contesta.

a) ¿Dónde está Pablo?
Pablo está en la ....

b) ¿Dónde está el padre de Pablo?

....

c) ¿Dónde está la abuela de Pablo?

....

d) ¿Dónde está la madre de Pablo?

....

2 Observa donde está el perro en cada imagen.

- Ahora observa y escribe la localización de los animales.

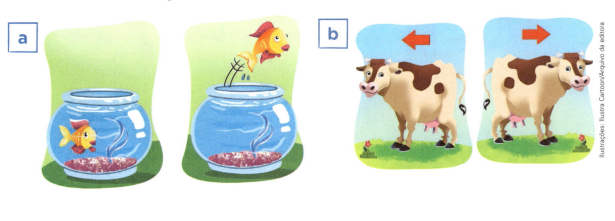

¡Ahora lo sé!

1 Escucha y escribe **V** (verdadero) o **F** (falso).

a) ☐ Mi casa es bonita.

b) ☐ La ventana de mi casa es verde.

c) ☐ El cuarto de baño es grande.

d) ☐ Mi abuelo está en la habitación.

e) ☐ El coche está en el garaje.

f) ☐ El salón está limpio.

2 Observa y lee.

¡QUÉ COCINA SUCIA!

¡QUÉ SALÓN LIMPIO!

• Ahora completa las frases con: **sucio(a)**, **limpio(a)**.

a) El salón está ....

b) ¡Qué habitación ....!

c) El cuarto de baño está ....

3 Observa las fotos y relaciónalas con las frases.

Mi abuela está en el jardín.

Papá está dentro de la habitación.

La cocina está sucia.

El garaje está limpio.

4 Escribe las palabras según los números y descubre las frases.

1	2	3	4	5	6
está	la	en	mi	abuelo	salón

7	8	9	10	11	12	13
qué	bonita	puerta	casa	es	verde	el

a) 4 5 1 3 13 6 ....

b) 2 9 11 12 ....

c) 7 8 11 2 10 ....

¡Ahora a practicar!

1 Completa las frases con las palabras del recuadro.

| está | estoy | estamos | están | estás |

a) Yo _____ en la habitación.

b) Él _____ en la cocina.

c) Nosotros _____ en el salón.

d) Ellos _____ en el parque.

e) Tú _____ en la escuela.

2 Completa las frases y colorea los dibujos que se relacionan a ellas.

a) Mi abuela está mirando por la _____.

b) Nosotros vivimos en una bonita _____.

c) Mi papá está saliendo del _____.

  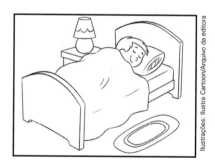

  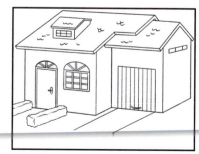

3 Observa los dibujos y completa las frases con las palabras del recuadro.

> dentro   fuera   arriba   abajo

a) Las flores están _____ de la ventana.

b) El niño está _____ de la piscina.

c) El gato está durmiendo _____ del coche que está _____ del garaje.

d) Los regalos están en la mesa, _____ de la caja.

¿Lo sabías?

Hay casas muy famosas localizadas en países hispánicos que todos los días reciben miles de visitas y tienen gran valor histórico y arquitectónico. ¿Vamos a conocer algunas de ellas?

● **Casa Milà** (La Pedrera), en Barcelona, España. Diseñada por el arquitecto catalán Antoni Gaudí.

● **Casapueblo**, en Punta del Este, Uruguay. Construida por el artista uruguayo Carlos Páez Vilaró.

● **La Casa Azul**, en Ciudad de México, México. Fue residencia de la pintora mexicana Frida Kahlo, donde hoy funciona un museo.

4 Vamos a leer.

La casa

Era una casa muy alocada;

no tenía techo no tenía nada.

Abrir la puerta nadie podía

porque la casa no la tenía.

Mirar afuera no se podía

porque ventana tampoco había.

Nadie podía hacer pipí

porque pelela no había allí.

Estaba hecha con mucho esmero

calle Los Bobos, número cero.

La casa, de Vinicius de Moraes. Disponible en: <https://des-mza.infd.edu.ar/sitio/upload/Segundo_La_casa.pdf>. Acceso el: 25 ene. 2020.

Ilustra Cartoon/Arquivo da editora

5 ¿Por qué la casa era "muy alocada"? Señala la respuesta correcta.

a) ☐ Porque no tenía jardín y garaje.

b) ☐ Porque no tenía puerta, techo, ventana y cuarto de baño.

c) ☐ Porque nadie vivía en esta casa.

d) ☐ Porque estaba mal construida.

6 ¿Cuál es la dirección de la casa del texto?

....

7 Relaciona lo que no se puede hacer en la casa con la parte que le falta.

No se puede entrar.

No se puede proteger de la lluvia.

No se puede mirar afuera.

No se puede hacer pipí.

8 ¿Crees que puede existir una casa como la del texto? Dibuja como sería la casa si ella existiera.

9 Responde oralmente con tus compañeros.

a) ¿Piensas que una casa necesita ser grande para ser cómoda? ¿Por qué?

b) Si tuvieras que construir una casa, ¿qué partes no dejarías de poner?

Cuarenta y tres **43**

LECCIÓN 4

MI BARRIO

¿Cómo se dice?

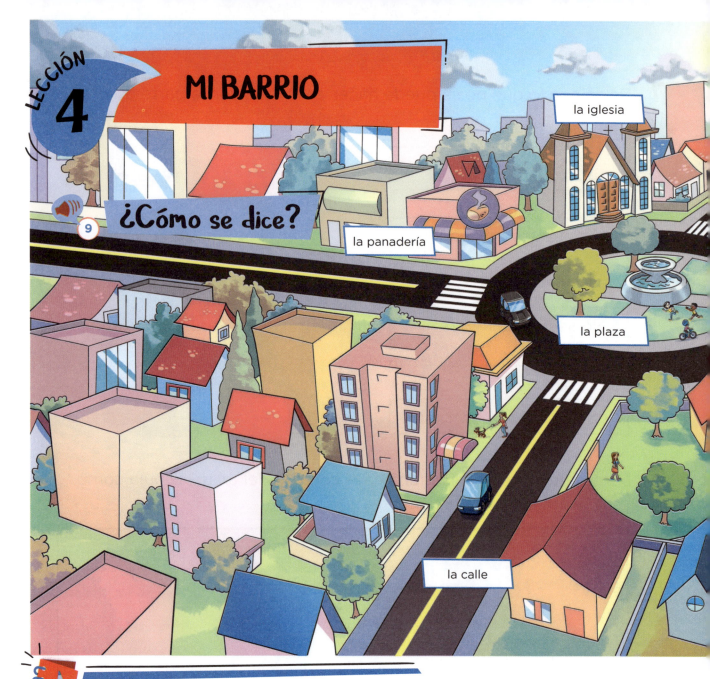

- la iglesia
- la panadería
- la plaza
- la calle

Para aprender un poco más...

Localización	
Samuel está **cerca** del perro. 	Samuel está **lejos** del perro. 
El coche está parado **enfrente** de la casa. 	

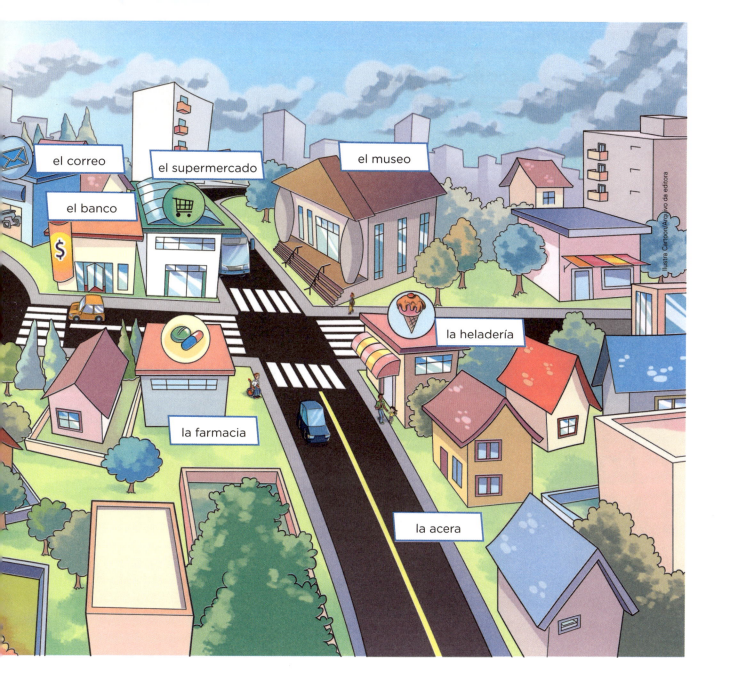

Localización

El supermercado está **a la derecha** del banco.

La farmacia está **enfrente de** la heladería.

La panadería está **a la izquierda** de la plaza.

1 Observa la imagen y contesta a las preguntas.

a) ¿Dónde la gente guarda dinero?

....

b) ¿Dónde se vende pan?

....

c) ¿Dónde se vende medicamento?

....

d) ¿Dónde se puede descansar y mirar a los niños jugando?

....

2 ¿Qué ves en las fotos? Observa el ejemplo.

Veo la verdulería.

....

....

....

....

....

....

¡Ahora lo sé!

1 Relaciona las imágenes a los lugares correspondientes.

 la panadería  el correo la farmacia

la heladería el supermercado la iglesia

2 Lean el diálogo y practiquen en parejas.

3 Lee las frases y relaciónalas con las figuras.

Estoy tomando un helado.

Papá fue a hacer las compras del mes.

Me encanta pasear y leer un libro en este lugar.

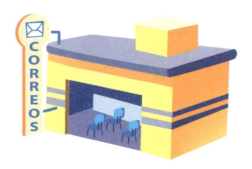

Necesito enviar una carta.

¡Qué ricos panes se venden aquí!

¡Ahora a practicar!

1 Escucha y señala.

 a   **c**

□ □ □ □

b   **d**

□ □ □ □

2 ¿Dónde están los niños? Lee la frase y pinta el dibujo correcto.

Los niños están en la heladería.

3 Completa el texto con las palabras del recuadro.

> florería   librería   panadería   museo   supermercado

Mi barrio

En el .... encuentro muchas frutas, legumbres, verduras.

En la .... hay muchas flores de todos los colores.

En la .... asan sabrosos tipos de panes.

Hay también un importante .... donde puedo pasear y aprender y una .... que me hace viajar y, así, puedo todo el mundo conocer.

Mariangela Secco.

¿Lo sabías?

¿Ya escuchaste hablar de Caminito?

Caminito es uno de los paseos más emblemáticos de la ciudad de Buenos Aires. Los conventillos típicos de chapa del barrio de La Boca muestran en sus paredes pinturas de distintos colores. Es un museo a cielo abierto de casi 150 metros de longitud.

4 Vamos a leer.

Palermo, un lindo barrio de Buenos Aires

Palermo es un barrio de la ciudad de Buenos Aires, capital de la Argentina. Es el barrio de mayor extensión de la ciudad y se destaca por sus elegantes viviendas, por sus calles arboladas y por sus bosques.

Los Bosques de Palermo son el pulmón verde de la ciudad y una de las áreas más ricas y elegantes. En sus límites encierra un campo de golf, una cancha de polo, el Planetario Galileo Galilei, un velódromo y el Jardín Japonés. Además, tiene el antiguo paseo del Rosedal y un lago.

Disponible en: <http://es.wikipedia.org/wiki/Palermo_(Buenos_Aires)>. Acceso el: 12 ene. 2020. (Texto adaptado).

El Planetario Galileo Galilei en Palermo, Buenos Aires.

5 Completa las frases sobre el texto.

a) El .... de Palermo está localizado en ...., capital de Argentina.

b) Lo que hay de bonito son: sus ...., sus .... y sus ....

c) En este barrio se encuentran un .... de ...., una .... de ...., el .... Galileo Galilei, un ...., el .... Japonés, el paseo del Rosedal y un ....

6 Señala la imagen que representa el "pulmón verde" de Palermo.

 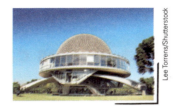

☐ ☐

7 Relaciona los elementos que se destacan en Palermo con las imágenes.

| elegantes viviendas |  |

| calles arboladas |  |

| bosques |  |

8 Responde oralmente con tus compañeros.

a) ¿Qué hay en el barrio donde está localizada la escuela?

b) ¿Hay algo en este barrio que te guste mucho? ¿Qué?

c) ¿Qué crees que debería cambiar en el barrio? ¿Cómo podrías sugerir este cambio?

EL TEMA ES...

Mi casa, tu casa, tantas casas

En esta Unidad has aprendido el nombre de las partes de una vivienda y de lo que hay alrededor de ella.

Casa, vivienda, morada, residencia o domicilio son sinónimos del lugar donde vivimos. No todas las viviendas alrededor del mundo son iguales: unas son grandes, otras son pequeñitas, algunas un poquito parecidas y otras muy diferentes. Pero todas tienen real importancia en la vida de las personas que viven en ellas.

¿Qué tal si conocemos algunas viviendas por el mundo? Lee los textos y observa las imágenes.

Ruca

La ruca es la vivienda de los mapuches, un pueblo indígena que habita parte de Chile y de Argentina. Ese tipo de hogar es hecho de paja, ramas de árboles, barro y otros elementos de la naturaleza.

● Temuco, Chile.

Edificio residencial

Los edificios residenciales son viviendas verticales que acomodan a varias familias, cada una en su departamento. Ellos pueden tener pocos o muchos pisos y suelen encontrarse en grandes ciudades.

● Cartagena, Colombia.

Palafito

Esas casas son construidas cerca a ríos y encima de grandes estacas de madera para evitar que sean arrastradas por las corrientes. Ese tipo de vivienda se encuentra en áreas donde llueve mucho durante el año.

● Chiloé, Chile.

Casa de albañilería

Las casas de albañilería están construidas con materiales resistentes y pueden tener distintos tamaños de acuerdo con la necesidad de cada familia.

● Cambará do Sul, Brasil.

Casa de barro

Ese tipo de casa se encuentra en el campo o en ciudades pequeñas y puede ser hecho con una mezcla de barro y paja. Esas casas suelen mantener la temperatura de su interior estable aun cuando hay cambios climáticos afuera.

● Taos, Estados Unidos.

Ahora habla con los compañeros y el profesor.

1 ¿Cómo es tu vivienda?

2 ¿Qué es lo que más te gusta de tu vivienda y de tu barrio?

3 ¿Quiénes son las personas que viven contigo?

4 ¿Piensas que todos los niños deberían tener una vivienda?

UNIDAD 3

¡QUÉ RICO ES COMER!

Entra en esta rueda
- ¿Por qué la familia está reunida?
- ¿Qué momento del día crees que representa esta escena? ¿Por qué?

En esta Unidad vamos a estudiar...
- Los alimentos.
- Los utensilios de cocina.
- La formación del plural.
- El verbo **gustar** en presente de indicativo.

LECCIÓN 5 - LOS ALIMENTOS

¿Cómo se dice?

- el yogurt
- la leche
- el pescado
- el pollo
- la piña
- la manzana
- la papaya
- el plátano

Para aprender un poco más...

Las comidas

El desayuno
- la leche
- el chocolate
- el pan
- la mantequilla
- el queso

El almuerzo
- la ensalada
- el filete
- la pasta

1 Observa las figuras y escribe el nombre de cada alimento. Luego, sigue el modelo y expresa tus gustos.

> A mí me gusta...   A mí no me gusta...

a) Las frutas

I. el melocotón
A mí me gusta el melocotón.

II.

III.

IV.

V.

b) Las verduras y las legumbres

I. ....

II. ....

III. ....

IV. ....

c) Otros alimentos

I. ....

II. ....

III. ....

Sesenta y uno **61**

¡Ahora lo sé!

1 Con la ayuda de los números en el recuadro, cuenta y escribe los alimentos de las figuras. Sigue el modelo.

1	2	3	4	5	6	7
uno	dos	tres	cuatro	cinco	seis	siete
8	9	10	11	12	13	14
ocho	nueve	diez	once	doce	trece	catorce
15	16	17	18	19	20	
quince	dieciséis	diecisiete	dieciocho	diecinueve	veinte	

a

Hay once remolachas.

d

b

e

c

f

2 Escucha y señala.

¡Ahora a practicar!

1 Imagina que tienes un restaurante y escribe un sabroso menú para tus clientes.

Restaurante ....

Menú

Entradas

Platos principales

Postres

Bebidas

2 Vamos a leer.

Me llamo Enriqueta.
No me gusta: La espinaca, el olor a caño de escape, que me digan "¡Qué grande estás!", el ruido a bicho aplastado, tocar un sapo, hacer deberes de matemática.
Sí me gusta: Leer, hacer que los bichos bolita se hagan bolita, que llueva, sacarme las cascaritas de las lastimaduras, el olor a plastilina, dormir hasta cuando yo quiero.

ES UN AYUDAMEMORIA POR SI ME DA AMNESIA COMO EN LAS PELÍCULAS.
¿DÓNDE PUSISTE QUE TE GUSTO YO?

Macanudo 2, de Liniers. Buenos Aires: Ediciones de la Flor, 2005.

3 ¿Cuántos personajes hay en la historieta?

☐ uno

☐ dos

☐ tres

4 ¿Quiénes son los personajes?

....

....

5 ¿Qué tipo de globo se utiliza en la historieta?

☐ de grito   ☐ de pensamiento   ☐ de habla

6 Señala lo que le gusta y lo que no le gusta a Enriqueta.

	😃	😔
Dormir hasta cuando quiere.		
El olor a plastilina.		
El olor a caño de escape.		
El ruido a bicho aplastado.		
Tocar un sapo.		
La lluvia.		

7 Escribe **V** para las informaciones verdaderas o **F** para las informaciones falsas de acuerdo con la historieta.

a) ☐ Enriqueta no escribió el nombre de su gatito como algo que le gusta.

b) ☐ A Enriqueta le gusta dormir.

c) ☐ Enriqueta prefiere escribir en vez de guardar sus gustos en la memoria.

d) ☐ A Enriqueta le gusta comer espinaca.

8 En el cuaderno, elabora dos listas: una con las cosas que a ti te gustan y otra con las cosas que a ti no te gustan.

9 ¿Crees que puedes cambiar de opinión más adelante sobre las cosas que hoy a ti no te gustan? Conversa con los compañeros y el profesor sobre eso.

LECCIÓN 6
LA HORA DE COMER

Para aprender un poco más...

Singular	Plural
cuchar**a**	cuchar**as**
cuchill**o**	cuchill**os**
fuent**e**	fuent**es**

Singular	Plural
tenedo**r**	tenedor**es**
pa**n**	pan**es**
paste**l**	pastel**es**
pe**z**	pec**es**

¿Cómo se escribe?

1 Observa las figuras y escribe el nombre con las palabras del recuadro.

| el plato | el vaso | el cuchillo | la cuchara |
| el tenedor | las servilletas | la mesa | la silla |

a

e

b

f

c

g

d

h

2 Colorea los dibujos y escribe las frases. Sigue el modelo.

a) Los [vasos] son [pincel blanco] .

Los vasos son blancos.

b) Los [platos] son [pincel blanco] .

c) Los [cuchillos] son [pincel azul] .

d) Los [tenedores] son [pincel verde] .

e) Las [cucharas] son [pincel amarillo] .

f) Las [sillas] son [pincel negro] .

¡Ahora lo sé!

1 Lee las pistas, ordena las letras que están en los platos y forma palabras para completar las frases.

a) Tomamos la sopa con ....

b) Cortamos la carne con ....

c) Tomamos agua en ....

d) Podemos comer patatas fritas con ....

e) Colocamos la comida en ....

f) Limpiamos la boca con ....

g) Nos sentamos en ....

2 Escucha y señala.

a) ☐ Me gusta la ensalada.
☐ Me gustan las patatas fritas.

b) ☐ ¡Vamos a almorzar!
☐ ¡Vamos a comer!

c) ☐ Por favor, pásame el plato.
☐ Por favor, pásame la cuchara.

d) ☐ El tenedor es azul.
☐ El vaso es azul.

e) ☐ La cuchara es roja.
☐ El cuchillo es amarillo.

3 Lean el diálogo y practiquen en parejas.

¡Ahora a practicar!

1 Relaciona las frases con las figuras.

¡Vamos a cenar!

No me gusta comer carne asada.

Me gusta comer ensalada.

¡Vamos a comer patatas fritas!

Por favor, pásame la servilleta.

2 Observa las figuras y responde a la pregunta según el modelo.

¿Qué es esto?

Esto es un plato.

3 Relaciona los cubiertos a los alimentos.

el cuchillo

la cuchara

el vaso

el tenedor

4 Lee el texto.

¡Ponte en forma!

Hoy en día, se habla mucho sobre estar en forma durante la infancia. […]

Estar en forma viene a ser como decir que una persona se alimenta bien, hace mucha actividad física y tiene un peso saludable. […]

Si te interesa estar en forma, aquí tienen cinco reglas vitales para conseguirlo. […]

1. Come una amplia variedad de alimentos

Tal vez tengas un alimento favorito, pero la mejor opción consiste en seguir una dieta variada. Si comes alimentos diferentes, es más probable que ingieras todos los nutrientes que tu cuerpo necesita. […] Ponte como objetivo comer, por lo menos, cinco raciones de fruta y verdura cada día: dos de fruta y tres de verdura.

[…]

2. Bebe agua y leche

Cuando tengas mucha sed, nada la sacia más que el agua fría. […] Los niños necesitan calcio para desarrollar unos huesos fuertes, y la leche es una fuente excelente de este mineral. […]

3. Escucha a tu cuerpo

¿Qué sientes cuando estás lleno? Cuando estés comiendo, nota cómo se siente tu cuerpo y cuándo tu estómago se siente confortablemente lleno. A veces, la gente come demasiado porque no se da cuenta de cuándo necesita dejar de comer. […]

4. Limita el tiempo que pasas delante de pantallas

¿Qué es el tiempo que se pasa frente a pantallas? Es el tiempo que pasas viendo la televisión, DVD y videos; jugando a videojuegos (de consola o portátiles), usando el *smartphone*, la tableta o la computadora. […]

5. Mantente activo

Una tarea que tienes como niño que eres (y se trata de una tarea divertida) es averiguar qué actividades prefieres. […] Pide a tus padres que te ayuden a practicar tus actividades favoritas con regularidad. Busca formas de estar activo todos los días. […]

¡Ponte en forma! **KidsHealth**. Disponible en: <https://kidshealth.org/es/kids/fit-kid-esp.html?WT.ac=ctg#catdiabetes-nutrition-esp>. Acceso el: 29 ene. 2019.

5 Relaciona las cinco reglas para estar en forma con las imágenes.

Mantente activo.	
Bebe agua y leche.	
Limita el tiempo que pasas delante de pantallas.	
Escucha a tu cuerpo.	
Come una amplia variedad de alimentos.	

6 De acuerdo con el texto, para estar en forma es necesario mantenerte activo. ¿Qué actividades podemos practicar?

7 De acuerdo con el texto, los niños deben comer cinco raciones de fruta y verdura cada día: dos raciones de fruta y tres de verdura. En el cuaderno, elabora una lista de alimentos que podrás comer en un día.

8 Ahora conversa con los compañeros y el profesor.

   a) Después de la lectura del texto, ¿qué crees que es estar en forma?

   b) ¿Tus hábitos están de acuerdo con las reglas para estar en forma?

   c) ¿Qué podrás hacer para tener una vida más sana?

¡EN ACCIÓN!

¡Atención!: Es necesario que un adulto les ayude.

Conociendo el guacamole

En esta Unidad, aprendimos el nombre de muchos alimentos, de algunos cubiertos que necesitamos para comer y de otros utensilios que utilizamos en la cocina.

Ahora, ¿vamos a preparar un guacamole? Para eso, fíjate en los ingredientes necesarios y en los pasos de la receta.

Ingredientes

1 aguacate grande maduro o 2 pequeños

Sal

Pimienta

1 tomate

¼ de cebolla

1 cucharada de aceite de oliva

½ limón

Pasos

1. Corten el aguacate por la mitad y quiten el hueso. Con una cuchara, quiten la pulpa del aguacate.

2. En un plato hondo, aplasten la pulpa del aguacate con un tenedor y añadan un poco de sal y pimienta. Añadan los trozos de tomate, la cebolla y el aceite y mézclalo bien.

3. Pónganle unas gotas de limón para darle sabor y para que conserve el color. Pruébenlo y, si quieren, añadan más sal o pimienta. Métanlo un rato en la nevera. El guacamole es muy sabroso con tortillas.

Disponible en: <www.conmishijos.com/ocio-en-casa/recetas-de-cocina-con-ninos/entrantes/cocina-guacamole.html>. Acceso en: 29 ene. 2020. (Texto adaptado).

Preparación

1. Con la ayuda del profesor, organicen el lugar donde van a preparar la receta y separen los ingredientes necesarios.

2. El profesor va a cortar la cebolla y el tomate en daditos.

3. El profesor va a cortar el aguacate por la mitad. Después, giren cada parte separando las dos mitades del aguacate y quiten la semilla.

4. Preparen el guacamole siguiendo los pasos de la receta.

5. Prueben el guacamole y, si necesario, añadan más sal o pimienta. Es importante que todos estén de acuerdo con la cantidad de los condimentos.

6. Metan el guacamole un rato en la nevera.

7. Sírvanlo con tortillas.

¿Lo sabías?

El **guacamole** es un plato típico de la cocina mexicana, pero se consume en casi toda América. Esta receta es original de la civilización azteca y se ha difundido por muchos países. El nombre, de origen náhuatl, es la unión de las palabras *ahuacatl* (aguacate) y *molli* (mole o salsa).

UNIDAD 4
LA VIDA AL AIRE LIBRE

Entra en esta rueda
- ¿Ya estuviste en una granja? ¿Qué viste en ese lugar?
- ¿Ya te acercaste a algún de los animales de la imagen? ¿Cuál?

En esta Unidad vamos a estudiar...
- Los animales de la granja.
- Los demostrativos.
- Los elementos de la naturaleza.
- Los días de la semana.

Ochenta y uno 81

LECCIÓN 7 — LA GRANJA

¿Cómo se dice?

¡HOLA, AMIGUITOS! LOS INVITO A PASEAR EN LA GRANJA, HAY MUCHOS ANIMALES AQUÍ. ¿VAMOS A CONOCERLOS?

- el caballo
- los conejos
- el gallo
- las gallinas
- los pollitos
- el perro

Para aprender un poco más...

Los demostrativos

ESTO ES UN PERRO.	cerca	este	esta	estos	estas	esto*
ESO ES UNA GALLINA.	menos cerca	ese	esa	esos	esas	eso*

82 Ochenta y dos

Los demostrativos

		lejos	aquel	aquella	aquellos	aquellas	aquello*
	AQUELLO ES UN PATO.						

* Los demostrativos **esto**, **eso** y **aquello** son neutros y existen solo en singular.

¿Cómo se escribe?

1 Circula la palabra correcta en los recuadros y completa las frases.

a

¡HOLA, CLARA! .... ES PEPO, MI PERRITO.

¡AH, QUÉ LINDO ES TU PERRITO, LOLA!

esta   ese   aquel   este

c

ME GUSTA MUCHO .... CANTORA. ¿Y A TI?

A MÍ TAMBIÉN, LUISA.

aquel   esa   esto   eso

b

¡MIRA, MAURO! .... MONTAÑAS SON LINDAS!

¡VERDAD, LAS MONTAÑAS SON INCREÍBLES!

aquellas   esas   estos   eses

d

¿VAMOS A JUGAR AL VIDEOJUEGO?

¡SÍ, ... JUEGO QUE TIENES ES ESTUPENDO!

aquello   aquel   esto   este

2 Observa las figuras.

- Ahora completa las frases con **esto** o **aquello**.

.... es un gato.   .... es una vaca.

.... es un conejo.   .... es una gallina.

Ochenta y cinco 85

¡Ahora lo sé!

1 Relaciona las frases con las figuras.

Hay muchos animales en la granja.

La gallina tiene pollitos.

Me gusta andar a caballo.

El gallo canta al amanecer.

Mi perro se llama Pingo.

2 Practiquen oralmente en parejas.

- Ahora contesten.

    a) Y tú, ¿tienes una mascota?

    ....

    b) ¿Cuál es tu animal preferido?

    ....

3 Dibuja tu animal preferido.

¡Ahora a practicar!

1 Escucha y señala.

2 Contesta a las adivinanzas.

| De huevo blanco y hermoso una mañana nací y al calor de una gallina con mis hermanos crecí. | De cierto animal di el nombre: es quien vigila la casa, quien avisa si alguien pasa y es fiel amigo del hombre. |

3 Observa las imágenes y completa las frases con los demostrativos.

> esta   aquello   esto   esas

.... es un perro.   .... son ovejas.

.... son vacas.   .... es mi gata.

¿Lo sabías?

La cordillera de los Andes es la principal cordillera de Sudamérica y atraviesa países como Chile, Argentina, Bolivia, Perú, Ecuador, Colombia y parte de Venezuela. La fauna de esa cordillera se caracteriza por su abundancia y diversidad. ¿Vamos a conocer a algunos de esos animales?

● La vicuña.

● La llama.

● El oso andino.

● El puma.

Ochenta y nueve 89

4 Vamos a leer.

El viejo MacDonald

El viejo MacDonald tiene una granja, ¡ia ia oh!
Y en esa granja tiene pollitos, ¡ia ia oh!
Que hacen pio aquí, que hacen pio allá,
pio pio pio sin cesar
El viejo MacDonald tiene una granja, ¡ia ia oh!

El viejo MacDonald tiene una granja, ¡ia ia oh!
Y en esa granja tiene patos, ¡ia ia oh!
Que hacen cuak aquí, que hacen cuak allá,
cuak cuak cuak cuak cuak sin cesar
El viejo MacDonald tiene una granja, ¡ia ia oh!

El viejo MacDonald tiene una granja, ¡ia ia oh!
Y en esa granja tiene una vaca, ¡ia ia oh!
Que hace mu mu aquí, que hace mu mu allá,
mu mu mu mu mu sin cesar
El viejo MacDonald tiene una granja, ¡ia ia oh!

El viejo MacDonald tiene una granja, ¡ia ia oh!
Y en esa granja tiene cerdos, ¡ia ia oh!
Que hacen oink aquí, que hacen oink allá,
oink oink oink oink oink sin cesar
El viejo MacDonald tiene una granja, ¡ia ia oh!

Disponible en: <http://cancionesinfantilesonline.blogspot.com/2012/09/la-granja-del-viejo-mc-donald-con-letra.html>.
Acceso el: 18 dic. 2019.

5 Señala los animales que no hay en la granja del viejo MacDonald.

a) ☐ cerdo   c) ☐ vaca   e) ☐ caballo

b) ☐ carnero   d) ☐ pato   f) ☐ pollito

6 Completa las frases con el sonido que hace cada animal de la granja.

a) Los pollitos hacen _____.

b) Los patos hacen _____.

c) La vaca hace _____.

d) Los cerdos hacen _____.

7 ¿Cómo crees que es el viejo MacDonald? Señala.

a) ☐   b) ☐   c) ☐

8 Contesta oralmente con tus compañeros.

a) ¿Crees que todos los sonidos, además de los animales, pueden ser representados por palabras y letras?

b) ¿Conoces alguna onomatopeya que no sea un sonido de animal? ¿Cuál?

c) Si no vives en una granja, ¿cómo sería vivir en un lugar como ese? ¿Por qué? ¿Qué animales te gustaría crear en tu granja?

LECCIÓN 8 — LA NATURALEZA

¿Cómo se dice?

- el día
- el Sol
- la nube
- el pájaro
- la lluvia
- el arco iris
- el árbol
- las flores

¡MIRA, UN ARCO IRIS! ¡CUÁNTOS COLORES!

SÍ, ¡LA NATURALEZA ES MUY SABIA! A TRAVÉS DE LAS GOTAS DE LLUVIA Y DE LOS RAYOS DEL SOL, SE PRODUCE EL ARCO IRIS.

Para aprender un poco más...

Los días de la semana			
Domingo	**Lunes**	**Martes**	**Miércoles**
Salir para cenar con la familia.	Clase de natación.	Estudiar Matemáticas.	Estudiar Español.

¿Cómo se escribe?

1 Escribe los nombres en las figuras correctas.

> la noche   el día   la lluvia
> el Sol   las flores   los pájaros

....

....

....

2 Completa las frases con las palabras del recuadro.

> Sol   pájaros   Luna   flores   naturaleza   estrellas

a) Si miramos el cielo por la noche, podemos ver la .... y las ....

b) El .... es fuente de luz y calor.

c) Los .... nos alegran con su canto.

d) Las .... nos encantan con colores y perfumes.

e) Todo esto es un maravilloso regalo de la ....

3 Ordena las palabras según los números y descubre la frase.

1	2	3	4
estrellas	grandes	compañeras	la

5	6	7	8
y	Luna	las	son

4   6   5   7   1   8   2   3

¡Ahora lo sé!

1 Contesta a las preguntas.

a) ¿Es de noche o de día?

....

....

b) ¿Es el Sol o la lluvia?

....

....

c) ¿Es la nube o la montaña?

....

....

2 ¡Bingo!

Bingo

Banco de palabras

lluvia	árbol	jueves	viernes	cielo
arco iris	montaña	día	noche	pájaros
lunes	martes	nube	flores	estrella
río	bosque	rayo	colores	Luna

3 Encuentra ocho palabras en la sopa de letras.

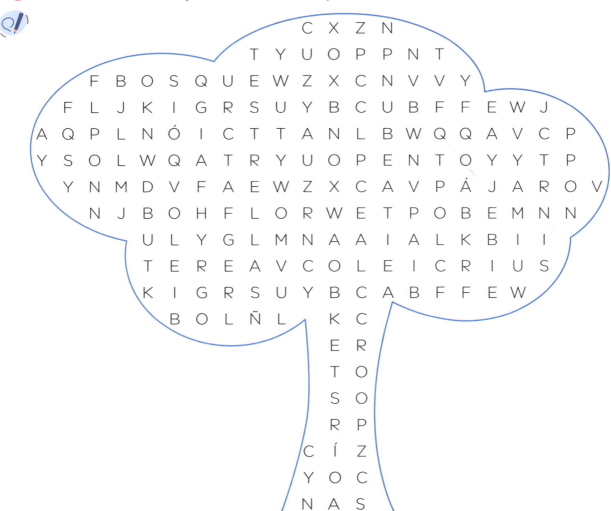

4 Completa la figura con los adhesivos que están en el **Cuaderno de creatividad y alegría**.

¡Ahora a practicar!

1 Escucha y señala.

a) ☐ El Sol es amarillo.
☐ La Luna es amarilla.

b) ☐ La estrella es roja.
☐ La estrella es azul.

c) ☐ Yo veo ocho estrellas.
☐ Yo veo nueve estrellas.

d) ☐ Hay muchos colores en el arco iris.
☐ Yo veo el arco iris.

e) ☐ Hay muchas estrellas en el cielo de la hacienda.
☐ Yo veo muchas estrellas en el cielo.

¿Lo sabías?

La etimología de los días de la semana en español tiene su origen en la Antigua Roma.

En aquella época, alrededor de dos milenios atrás, los romanos adoptaron la tradición de nombrar los días de la semana de acuerdo con los principales astros y planetas que representaban sus divinidades. [...].

Así pues, en honor a sus deidades, los días de la semana fueron denominados:

Lunes: *dies Lünae* (día de la Luna).

Martes: *dies Martis* (día de Marte).

Miércoles: *dies Mercurii* (día de Mercurio).

Jueves: *dies Jovis* (día de Júpiter).

Viernes: *dies Veneris* (día de Venus).

Sábado: *dies Saturni* > *Sabbătum* (día de Saturno > día de descanso).

Domingo: *dies Sōlis* > *dies Dominicus* (día del Sol > día del Señor). [...]

Disponible en: <www.saberespractico.com/curiosidades/origen-del-nombre-de-los-dias-de-la-semana/>. Acceso el: 18 dic. 2019.

2 Escribe en la agenda lo que haces en la semana.

DOMINGO	
LUNES	
MARTES	
MIÉRCOLES	
JUEVES	
VIERNES	
SÁBADO	

3 Vamos a leer.

Disponible en: <https://caminandog.com.mx/b/dia-mundial-de-los-animales/>. Acceso el: 18 dic. 2019.

[…]

En el año 1929, el 4 de octubre, se declaró Día Mundial de los Animales, por iniciativa de la Organización Mundial de Protección Animal […] El objetivo principal era generar una solución al problema de las especies en peligro de extinción.

Es importante que respetemos el hábitat de los animales en vida salvaje para evitar la desaparición de las especies; así como controlar la tasa de animales en situación de calle en las zonas urbanas. ¿Tú de qué manera ayudas a los animales?

[…]

National Geographic en Español. Disponible en: <https://ngenespanol.com/travel/por-que-se-celebra-el-dia-mundial-de-los-animales-el-4-de-octubre>. Acceso el: 18 dic. 2019.

Tecnología para…

Pasear, conocer y aprender

¿Sabías que es posible visitar parques, zoológicos, museos y muchos sitios más sin salir del lugar? ¿Y que muchas de esas visitas se pueden hacer en español?

Con las nuevas tecnologías es posible desplazarse a cualquier parte del mundo desde un ordenador, teléfono móvil o pizarra digital.

De esa forma, podemos conocer sitios muy lejanos y aprender muchas cosas con los llamados *tours* virtuales. ¿Qué crees de eso? ¿Qué tal visitar un sitio nuevo desde la internet?

4 ¿Cuándo se celebra el Día Mundial de los Animales?

....

5 Señala el objetivo inicial de esa fecha.

a) ☐ Celebrar la vida de los animales.

b) ☐ Solucionar el problema de los animales en peligro de extinción.

c) ☐ Conocer los animales que existen en el mundo.

6 Haz un dibujo para contestar a la pregunta del texto: "¿Tú de qué manera ayudas a los animales?".

7 Ahora, contesta oralmente con tus compañeros.

a) ¿Consideras importante el Día Mundial de los Animales? ¿Por qué?

b) ¿Qué podrías hacer para ayudar a proteger a los animales e impedir que desaparezcan?

c) ¿Conoces algún animal que está en peligro de desaparecer? ¿Cuál?

EL TEMA ES...

La importancia de los animales

En esta Unidad has aprendido sobre los animales que viven en una granja y también sobre la naturaleza y su importancia.

¿Qué tal si ahora descubres más informaciones sobre el papel de algunos animales en nuestras vidas y en el equilibrio del ambiente?

Abejas

Además de producir la miel, las abejas también ayudan a transportar el polen de las flores desde un sitio hacia otro. Así, son vitales para la germinación de las plantas en la naturaleza.

Hormigas

Las hormigas tienen un papel muy importante en el proceso de fertilizar y polinizar el suelo. Ellas actúan como pequeñitos obreros en la naturaleza.

Caballos

Los caballos son animales que ayudan en la salud de las personas. La llamada equinoterapia consiste en sanar gracias a montar a caballo y a convivir con ese animal.

Perros

Los perros pueden ser entrenados para volverse perros guía. El perro guía es el acompañante de personas con discapacidad visual. Jamás debemos perturbarlo, para que no se distraiga de la función de guiar a esas personas en sus actividades diarias.

Pájaros

Los pájaros llevan las semillas desde un sitio hacia otro. Estos animales, que se agrupan en muchas especies, son vitales para la manutención de la flora de los lugares por los que pasan.

Para que esos animales sigan actuando y ayudando a la naturaleza, hay que respetarlos y preservar el ambiente donde viven.

 Ahora, habla con los compañeros y el profesor.

1 ¿Cómo cuidas del ambiente?

2 ¿Por qué crees que los animales estudiados en esta Unidad son importantes en nuestras vidas?

3 ¿Tienes alguna mascota o animal de compañía? ¿Cómo cuidas de él o de ellos?

4 ¿Piensas que todas las personas colaboran en la preservación del ambiente?

El cuerpo humano

1 Relaciona las personas con la descripción correspondiente.

Soy rubia, mis ojos son castaños...

Tengo el pelo pelirrojo, corto, rizado...

Tengo el pelo castaño, los ojos verdes...

... y mis ojos son negros.

... y tengo el pelo largo y rizado.

... y mi pelo es corto y liso.

2 Observa la imagen y lee la descripción.

María es alta, tiene los ojos negros y el pelo corto y rizado.

- Y tú, ¿cómo eres? Completa el texto con la conjugación del verbo **ser** en presente de indicativo.

Yo _____ (bajo/alto), mis ojos _____ (negros/castaños/azules/verdes) y mi pelo _____ (castaño/rubio/negro/pelirrojo) y (largo/corto).

3 Escribe las palabras del recuadro en los lugares correspondientes.

brazo	pierna	mano	cabeza	boca
rodilla	ojo	cuello	tronco	
nariz	oreja	codo	pie	hombro

REPASO 2 — Los deportes

1 ¿Vamos a jugar al ahorcado?

| baloncesto | fútbol | patinaje | natación |
| tenis | voleibol | ciclismo | balonmano |

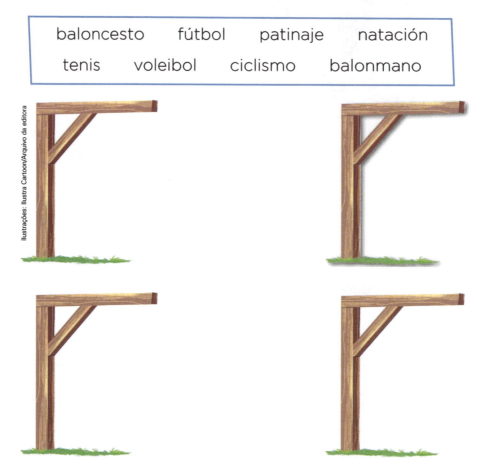

2 Completa las frases con las palabras del recuadro.

| practica | yo | practicas | practican | nosotros |

a) .... practicamos ajedrez en la escuela.

b) Ella .... natación por la mañana.

c) .... practico fútbol todos los jueves.

d) Ellos .... baloncesto después de la clase.

e) ¿Tú .... algún deporte?

3 Ordena las palabras de acuerdo con los números y descubre las frases.

1	2	3	4	5	6
deportista	buen	juega	acepta	derrota	un
7	8	9	10	11	12
ganar	al	la	respeta	adversario	para

a) | 6 | 2 | 1 | 3 | 12 | 7 |

....

b) | 6 | 2 | 1 | 4 | 9 | 5 |

....

c) | 6 | 2 | 1 | 10 | 8 | 11 |

....

4 Practiquen el diálogo en parejas.

Ciento siete 107

REPASO 3 — Mi casa

1 Completa el crucigrama.

a) Lugar donde dormimos.
b) Lugar donde preparamos la comida.
c) Lugar donde hay plantas y flores.
d) Lugar donde guardamos el coche.
e) Parte de la casa que abrimos cuando hace calor.

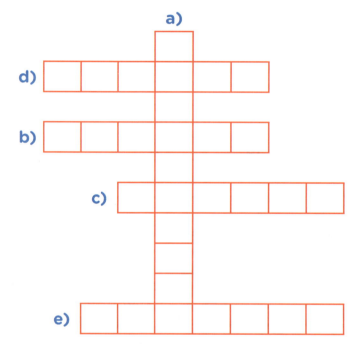

2 Completa el diálogo conjugando el verbo **estar**.

3 Dibuja la casa de Luciana.

MI CASA ES GRANDE. TIENE DOS PISOS Y, ENFRENTE, HAY UN JARDÍN CON MUCHAS FLORES. EL SALÓN ES AMPLIO Y LA COCINA TAMBIÉN. ARRIBA HAY DOS HABITACIONES Y UN CUARTO DE BAÑO. MI HABITACIÓN ES MUY BONITA Y TIENE UNA VENTANA GRANDE.

REPASO 4 — Mi barrio

1 Lleva Marta a los lugares que necesita ir.

2 Lleva Luis hacia la heladería.

REPASO 5 — Los alimentos

1 Completa las frases con los números correspondientes.

| diez   tres   un   seis   dos |

a) En el desayuno como solamente .... pan con mantequilla.

b) En el almuerzo me gusta comer .... huevos con tortilla.

c) Siempre hay .... postres: uno para mí, uno para mi hermana y uno para mi hermano.

d) Para la merienda hay ensalada de .... frutas: manzana, fresa, mango, melocotón, sandía y aguacate.

e) En la cena hay .... lugares en la mesa para comer pizza con toda la familia.

2 Practiquen oralmente en parejas.

3 Busca en la sopa de letras los nombres de los alimentos. Después, escríbelos en la tabla, de acuerdo con la orientación.

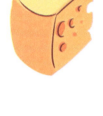

S	E	R	T	I	L	E	C	H	E	P
C	T	R	R	W	I	O	P	N	H	L
U	G	W	Q	C	V	N	M	X	L	K
C	Q	C	C	A	W	B	A	M	L	P
P	T	R	Y	P	R	T	Í	X	Q	B
O	U	Y	E	I	L	P	Z	A	N	K
L	T	R	P	O	L	R	S	D	V	P
L	H	T	C	V	B	I	P	R	W	L
O	L	A	T	O	O	H	E	E	T	Á
P	L	A	T	O	E	W	R	U	A	T
P	T	Y	O	W	S	N	A	L	K	A
M	E	L	Ó	N	Q	P	H	J	Ñ	N
A	A	S	T	V	W	O	K	L	M	O
V	U	I	O	Q	U	E	S	O	P	O
R	W	Q	E	B	N	J	O	O	P	X
M	A	N	Z	A	N	A	Z	Ñ	M	Q

Horizontal	Vertical

REPASO 6 — La hora de comer

1 Escucha el audio y escribe **V** (verdadero) o **F** (falso).

21
a) ☐ La manzana está buena.

b) ☐ ¿Cuánto cuesta la pera?

c) ☐ ¿Te gusta ir al cine?

d) ☐ El melocotón cuesta tres pesos.

e) ☐ Me gusta comer frutas y verduras.

f) ☐ Los dulces y el pan dan energía para nuestro cuerpo.

g) ☐ Yo tengo que comprar frutas y legumbres.

2 Ayuda Helena con la lista de compras para hacer una sabrosa ensalada de frutas. Circula las frutas.

- Ahora escribe los nombres de las frutas que te gustan y quieres comprar.

    Yo quiero comprar _____.

3 Practiquen oralmente en parejas.

- Ahora contesta.

    a) ¿Te gusta comer ensalada?

    ....

    b) ¿Te gusta comer patatas fritas?

    ....

    c) ¿Qué te gusta más: el arroz o la pasta?

    ....

REPASO 7 — La granja

1 Observa las imágenes y escribe el nombre de los animales de la granja.

2 Circula los elementos que no forman parte de la granja.

- Ahora, dibuja en el cuaderno algunos animales que hay en una granja y escribe abajo del dibujo el nombre del animal.

3 Numera las escenas de acuerdo con la secuencia correcta.

4 Completa el crucigrama.

REPASO 8 — La naturaleza

1 Circula lo que se te pide.

a) Siete estrellas.

b) Tres árboles.

c) El cielo.

2 Completa el calendario correspondiente al mes de tu cumpleaños y marca el día.

Mes							
Días de la semana		Lunes		Miércoles	Jueves		
Días del mes							

3 Observa y compara las figuras **a** y **b**. Después circula las cinco diferencias en la figura **b**.

GLOSARIO

A

acera: calçada
aguacate: abacate
alfajor: doce típico argentino feito com amêndoas, nozes, mel e, muitas vezes, recheado com doce de leite e coberto com chocolate; alfajor

almuerzo: almoço
añadir: acrescentar
anillos: anéis
aplastar: amassar
aquel: aquele
aquello: aquilo
árbol: árvore

arboladas: arborizadas, com muitas árvores
arco iris: arco-íris

autobús: ônibus

avión: avião
azúcar: açúcar

B

bajo(a): baixo(a)
baloncesto: basquete
balonmano: handebol
béisbol: beisebol
berenjena: berinjela

bocadillo: sanduíche
brazo: braço
buceo: mergulho
buque: navio

C

caballo: cavalo
cabeza: cabeça
cachete: bochecha
calentita: quentinha
calle: rua
cancha: quadra
caño de escape: escapamento
carnicería: açougue
cenar: jantar
cerca: perto
cerdo: porco

charlar: conversar, bater papo
chiquito(a): pequenino(a)
cielo: céu
ciruela: ameixa

cocina: cozinha
codo: cotovelo
cohete: foguete
conejo: coelho
comparto (verbo compartir): compartilho (verbo **compartilhar**)

correo: correio
cosquillas: cócegas
cruzar: atravessar

cuarto de baño: banheiro
cuchara: colher
cuchillo: faca
cuello: pescoço

D

daditos: cubinhos
delgada(o): magra(o)
deporte: esporte
derecha: direita
desarrollar: desenvolver
desayuno: café da manhã

detiene (verbo detener): para (verbo **parar**)
dibujo: desenho
diente: dente

E

empanada: tipo de preparação salgada que pode ser recheada com carne, frango, queijo, presunto, cebola, etc.

empezar: começar
enero: janeiro
ensalada: salada
espalda: costas
espinaca: espinafre

F

farmacia: farmácia
febrero: fevereiro
feo(a): feio(a)
filete: filé
florería: floricultura
fresa: morango

frijol: feijão
fuente: travessa
fútbol: futebol

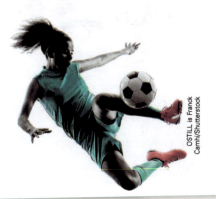

G

galleta: bolacha

gallina: galinha
gallo: galo

garaje: garagem
gimnasia: ginástica

golosina: comida (doce ou salgada) deliciosa; guloseima
granja: fazenda
guay: excelente

H

habitación: quarto
heladería: sorveteria
helado: sorvete

hermoso(a): belo(a)
hombro: ombro
hondo: fundo
hormiga: formiga
hueso: caroço
huevo: ovo

I

iglesia: igreja
izquierda: esquerda

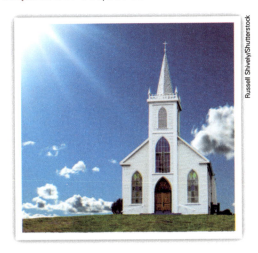

J

jardín: jardim
jueves: quinta-feira
jugoso(a): suculento(a)
julio: julho
junio: junho

L

lastimadura: ferimento
leche: leite
lechuga: alface

lejos: longe
limón: limão
limpio(a): limpo(a)
luna: Lua

lunes: segunda-feira
lleno(a): cheio(a)
lluvia: chuva

Ciento veintitrés 123

M

maíz: milho
mango: manga
mano: mão
mantequilla: manteiga
manzana: maçã

marrón: marrom
martes: terça-feira
marzo: março
mascota: animal de estimação
mayo: maio
medios de transporte: meios de transporte
melocotón: pêssego

melón: melão
merienda: lanche
mi: meu, minha
miércoles: quarta-feira
mitad: metade
montaña: montanha

museo: museu

N

natación: natação
naturaleza: natureza
nevera: geladeira
nube: nuvem

O

ojo: olho
olor: cheiro
oreja: orelha
oso: urso
oveja: ovelha

P

pájaro: pássaro
pan: pão
panadería: padaria
pantallas: telas
panza: barriga, pança
papaya: mamão
papelería: papelaria
pasta: massa, macarrão
pastel: bolo, torta

patata: batata
patinaje: patinação
pegar: colar
pelela: penico
peligro: perigo
pelirrojo: ruivo

pelo: cabelo
perro: cachorro
pescado: filé de peixe

pie: pé
pierna: perna
piernecillas: perninhas
piña: abacaxi

pizarra digital: lousa digital
plátano: banana
plato: prato
playa: praia
plaza: praça
pollito: pintinho
pollo: frango
postre: sobremesa
puerta: porta
pulpa: polpa

Q

queso: queijo

quitar: tirar

R

raciones: porções
rato: quantidade de tempo
rayo: raio
refresco: refrigerante
regalo: presente
remolacha: beterraba

rodilla: joelho
rubio(a): loiro(a)

S

sabroso(a): saboroso(a)
salón: sala de estar
saludable: saudável
salvaje: selvagem
sandía: melancia

servilleta: guardanapo
silla: cadeira
sitio: lugar
sucio(a): sujo(a)

T

taza: copo
tenedor: garfo
ternero: bezerro

tibiecita(o): morninha(o)
trozos: pedaços

V

vaso: copo
vela: iatismo
ventana: janela

verano: verão
viernes: sexta-feira
viviendas: moradias; edifícios, construções

Y

yogur: iogurte

Z

zanahoria: cenoura
zumo: suco

SUGERENCIAS PARA EL ALUMNO

Libros

Las estrellas, de Fátima de la Jara e Rosa Luengo. São Paulo: FTD.

No céu existe um trono que é dividido entre o Senhor Sol e a Senhora Lua. Durante o dia, o Senhor Sol se diverte olhando o que acontece com a Senhora Terra. Mas o que a Senhora Lua faz durante a noite?

Una jirafa de otoño, de Andrés Guerrero. São Paulo: Scipione/Anaya.

Uma girafa percebe que suas manchas estão se modificando. Um dia, ao fugir de um leão, todas as suas manchinhas caíram. Envergonhada, ela deixa seu rebanho e encontra outros animais: um hipopótamo rosa, um elefante voador... Com eles, a girafa aprende que ser diferente não é um problema, e que é possível conviver e ser feliz com todas as diferenças e limitações.

Enlaces

Pekegifs

Disponível em: <http://pekegifs.com/estudios/elcuerpohumano.htm>. Acesso em: 18 mar. 2020.

Nesse *site* você encontra jogos e atividades divertidas com o tema corpo humano, para trabalhar de forma lúdica o conteúdo estudado em sala de aula.

Mundo primaria

Disponível em: <https://mundoprimaria.com/juegos-educativos/juegos-lenguaje>. Acesso em: 18 mar. 2020.

Nesse *site* há jogos, atividades e conteúdos sobre diversos assuntos que podem ser utilizados para complementar os temas abordados em sala de aula.

BIBLIOGRAFÍA

ALONSO, E. *¿Cómo ser profesor/a y querer seguir siéndolo?* Madrid: Edelsa, 1997.

BELLO, P. et al. *Didáctica de las segundas lenguas.* Madrid: Santillana, 1996.

BENVENISTE, E. *Problemas de Lingüística general.* México: Siglo XXI, 1971.

COSTA, D. N. M. da. *Por que ensinar língua estrangeira na escola de 1º grau.* São Paulo: EPU/Educ, 1987.

DI TULLIO, A. *Manual de gramática del español.* Buenos Aires: Waldhuter Editores, 2010.

JOHNSON, K. *Aprender y enseñar lenguas extranjeras:* una introducción. Trad. de Beatriz Álvarez Klein. México: Fundación de Cultura Económica (FCE), 2008.

MARTÍNEZ, A. La variación lingüística como herramienta para la enseñanza de la lengua estándar. In: _____ (Coord.). *El entramado de los lenguajes.* Buenos Aires: La Crujía, 2009.

●Notas

CUADERNO DE CREATIVIDAD Y ALEGRÍA

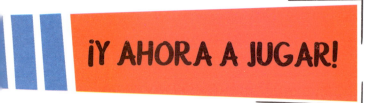

LECCIÓN 1 – EL CUERPO HUMANO

1 ¿Conoces este cuadro? ¿Qué ves en él? Habla con tus compañeros.

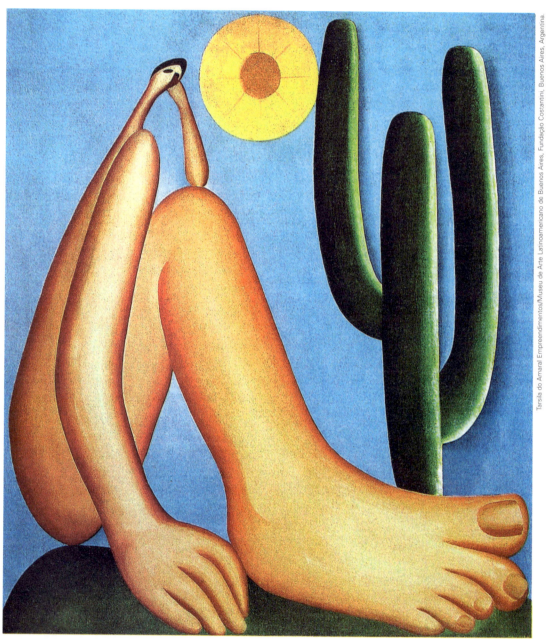

● **Abaporu**, de Tarsila do Amaral. 1928. Óleo sobre tela, 85 cm × 73 cm. Malba – Fundación Costantini, Buenos Aires.

- ¡Ahora tú y tus compañeros van a jugar a un divertido juego! Sigan las orientaciones del profesor.

2 ¿Vamos a hacer un retrato hablado? Mira de nuevo al **Abaporu**, de Tarsila do Amaral, y luego dibuja y pinta tu propio cuadro, cambiando la cantidad de las partes del cuerpo de la figura original.

- Ahora vamos a contar.
  Tu dibujo tiene...

LECCIÓN 2 – LOS DEPORTES

1 Busca las palabras en la sopa de letras.

| gimnasia | balonmano | natación | voleibol | fútbol |
| tenis | patinaje | ciclismo | baloncesto |

```
    J G H T G R
  U P N W J K T O I L
  N A T A C I Ó N L R W Q
  R W Q A T T Y U O G P N Z O
  N T D K V A S W Z X C A V V Y
  N E B R O J Y T R W E T P O B E
  H N U F L G I M N A S I A L K B
  G I T P E E W V C X Z N Ñ T R I
  L S K I I B A L O N M A N O F E
  F Ú T B O L J K C J J O P P
  V H O O J I U Y E R E A D E
  B A L O N C E S T O F W
  H C I C L I S M O E
    J B E R E R
```

132 Ciento treinta y dos

2 Vamos a leer.

Gaturro 6, de Nik. Buenos Aires: Ediciones de la Flor, 2005.

- ¿Y tú, de qué olimpíadas serías ganador? Habla con tus compañeros.

3 Juega al ahorcado.

| baloncesto | balonmano | gimnasia | fútbol |
| patinaje | voleibol | natación | ciclismo | tenis |

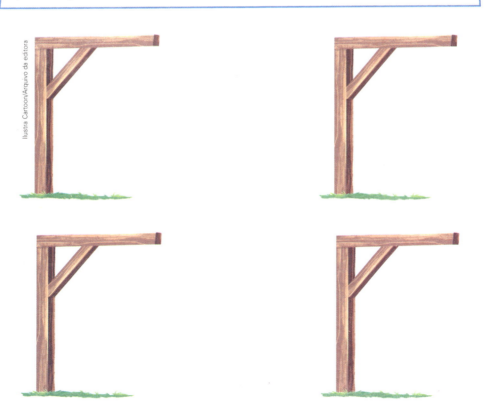

Ciento treinta y tres **133**

LECCIÓN 3 – MI CASA

1 Busca las palabras en la sopa de letras.

sucia	casa	limpio	ventana	bonita	cocina
salón	garaje	grande	puerta	jardín	

G	R	A	N	D	E	U	J	B	N
P	L	K	U	Y	R	E	T	O	A
N	S	U	C	I	A	T	R	N	P
V	H	G	R	E	S	W	T	I	U
E	I	C	A	S	A	Y	A	T	E
N	T	R	E	W	Q	V	B	A	R
T	A	L	I	M	P	I	O	Z	T
A	X	C	V	S	A	Q	W	P	A
N	Ñ	T	V	B	N	Z	U	T	I
A	C	X	T	S	A	L	Ó	N	O
M	C	G	U	P	J	D	I	B	F
Í	A	N	A	E	A	R	Í	F	E
V	E	N	T	R	G	N	G	R	E
F	J	A	L	J	A	R	D	Í	N
L	Ó	N	E	C	D	J	N	O	B
C	O	C	I	N	A	N	E	J	E

- Ahora escribe tres frases con las palabras que encontraste, como en el ejemplo:

a) La ventana está sucia.

b)

c)

d)

2 Entrevista a un colega y anota las respuestas.

a) ¿En qué parte de la casa buscas algo para comer cuando tienes hambre?

....

b) ¿Cómo se llama el lugar donde te bañas?

....

c) ¿En tu casa hay jardín? ¿Y garaje?

....

d) ¿En qué parte de la casa está tu cama?

....

e) ¿Qué parte de la casa te gusta más?

....

3 Escribe el nombre de cada parte de la casa y dibuja los objetos que faltan.

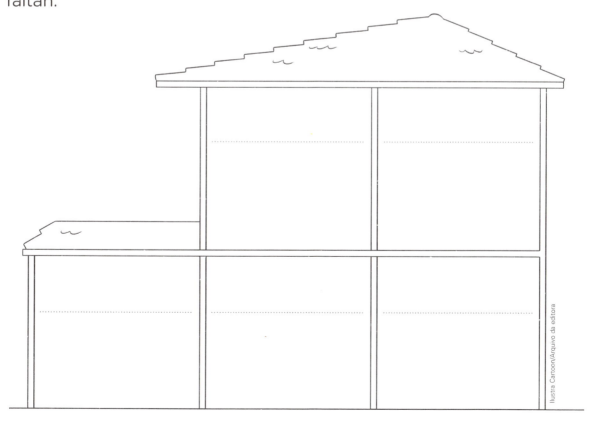

Ciento treinta y cinco **135**

LECCIÓN 4 – MI BARRIO

1 Pega en la imagen los adhesivos que están al final de este cuaderno.

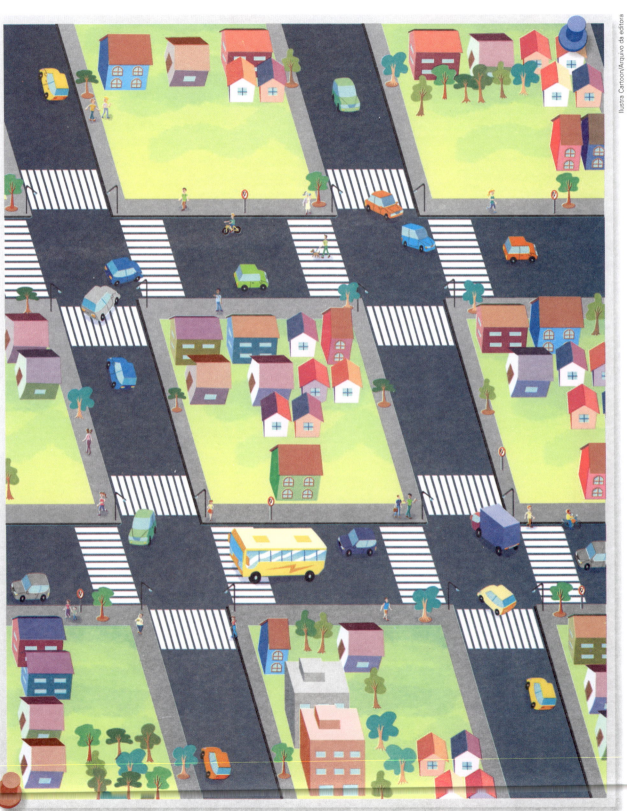

- Ahora contesta a las preguntas de acuerdo con la imagen.

    a) ¿Qué hay a la derecha de la heladería?

    ....

    b) ¿Qué hay en la primera calle?

    ....

    c) ¿Dónde está el correo?

    ....

    d) ¿Dónde está el lugar donde los niños estudian?

    ....

2 Imagina como sería un barrio ideal y dibújalo.

LECCIÓN 5 – LOS ALIMENTOS

1 Observa la mesa y pega en los lugares correspondientes los seis adhesivos que están al final de este cuaderno.

2 Completa el crucigrama.

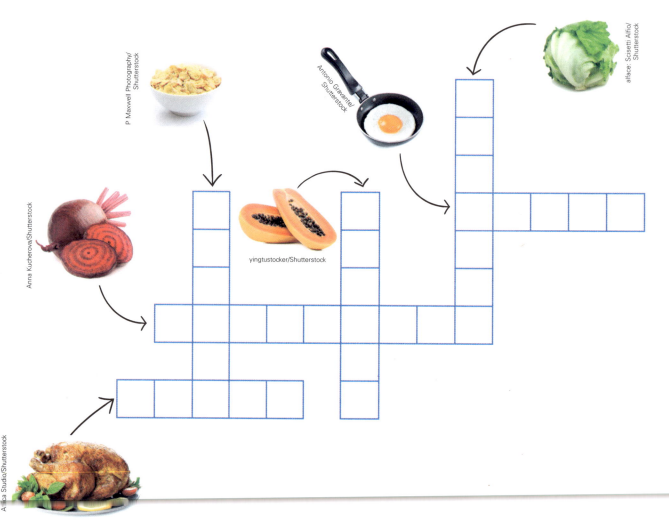

3 Relaciona las frases con las figuras.

¡Qué merienda rica!

A mí me gusta comer manzana y tomar zumo de naranja.

Me gusta beber leche.

Prefiero comer un bocadillo de queso.

A nosotros nos gustan las frutas en el desayuno.

LECCIÓN 6 – LA HORA DE COMER

1 Busca y circula las ocho diferencias entre los dibujos.

LECCIÓN 7 – LA GRANJA

1   Completa los dibujos, escribe el nombre de los animales y píntalos.

a

Una ....

d

Un ....

b

Una ....

e

Un ....

c

Un ....

f

Un ....

2 Completa la escena con los adhesivos que están al final de este cuaderno.

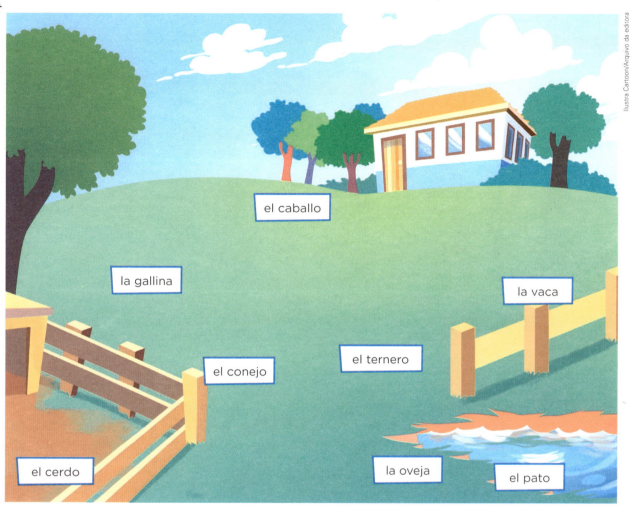

- Ahora señala la respuesta correcta.

a) La gallina es:

☐ amarilla.   ☐ blanca.   ☐ marrón.

b) La vaca produce:

☐ queso.   ☐ leche.   ☐ miel.

c) La oveja produce:

☐ lana.   ☐ huevo.   ☐ fruta.

d) Los animales están en:

☐ el zoológico.   ☐ el parque.   ☐ la granja.

LECCIÓN 8 – LA NATURALEZA

1 Cada árbol tiene algunas letras. Para formar una frase, escribe en cada árbol las letras correspondientes.

LA NA ES RA TU TA LE FEC PER ZA

2 ¿Qué ves en la figura? Pinta la figura y completa la frase.

Yo veo ....

....

3 Contesta a las adivinanzas.

¿Quién es, quién es que bebe por los pies?	Vuela sin alas, sopla sin boca, no se ve ni tampoco se toca.

4 ¿Por qué a Fellini le gustan las vacaciones de Enriqueta? Lee y descubre.

Macanudo 2, de Liniers. Buenos Aires: Ediciones de la Flor, 2005.

PUNTERÍA EN EL BOSQUE

Materiales

- Una bandeja de cartón rectangular
- Cartón ondulado
- Cartulina blanca
- Papel de seda de colores
- Seis cilindros de distintos diámetros
- Cola blanca
- Cinta adhesiva
- Tijera de puntas redondas
- Lápiz
- Canicas

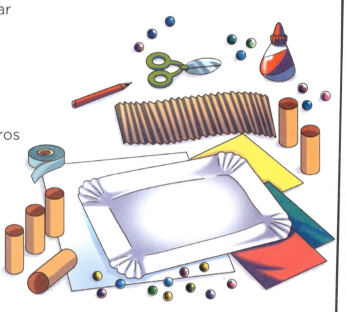

Juego

Cada niño dispondrá de cinco canicas y, desde una distancia oportuna, las tirará intentando introducirlas en los agujeros del bosque.

¿Cómo se hará?

1. Con el diámetro de los cilindros, marca seis agujeros encima de la bandeja y vacíalos con la tijera.

2. Coloca los cilindros en el interior de cada círculo y sujétalos con cinta adhesiva.

3. Con la cola blanca y trozos de papel de seda, cubre toda la superficie de la bandeja y las uniones con los cilindros para que, una vez secos, se queden bien sujetos.

Ciento cuarenta y siete

4. Corta dos tiras de cartón ondulado iguales y del mismo ancho que la longitud de los cilindros. Únelos con la cola de dos en dos por la parte lisa del cartón. Haz lo mismo con dos tiras más estrechas y córtalas como en la figura.

5. Pega una tira alrededor de la bandeja y por la parte debajo, para que tape los cilindros. La otra, cortada en puntas, pégala en la mitad de la parte superior, como en la figura.

6. Corta tiras de cartón ondulado y enróscalas para simular troncos de árbol.

7. Haz formas distintas de copas de árbol con cartulina blanca, siempre de dos en dos, y trabájalas dándoles volumen con trozitos de papel de seda arrugados.

Pega trocitos de papel de seda arrugado también por donde quieras para dificultar el paso de las canicas.

8. Escribe números de 1 a 3 para puntuar los grados de dificultad cerca de los agujeros y los árboles donde creas más apropiado.

Trabaja tu cuento: Alicia en el País de las Maravillas.
Barcelona: Parramón Ediciones, 2007. p. 40-43. (Texto adaptado).

CONEJO DE PAPEL

Materiales

- Un sobre blanco
- Tijera de puntas redondas
- Rotuladores azul, negro y rojo
- Barra de pegamento

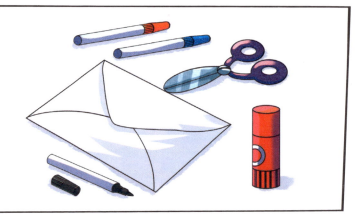

¿Cómo se hará?

1. Abre el sobre y córtalo a lo largo del punteado, tal como indica el dibujo.

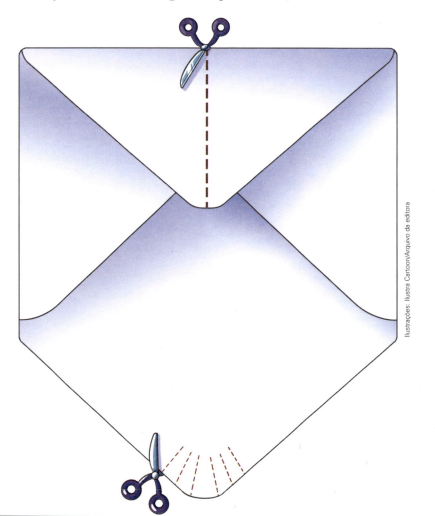

2. Dobla las esquinas **A** y **B** hacia el centro del sobre. Pliega luego la solapa como si fuera a cerrar el sobre.

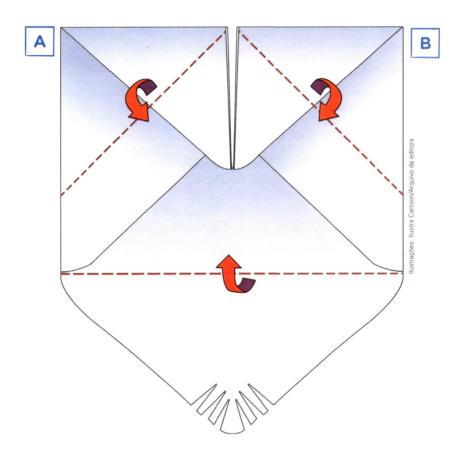

3. Este es el resultado que se obtiene. Ahora, dibuja los ojos, la nariz, la boca y los bigotes.

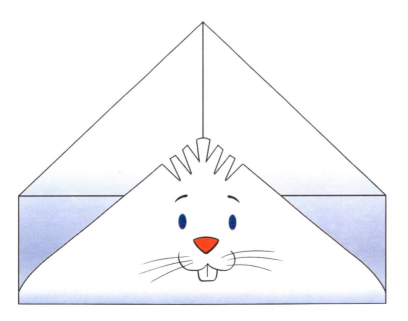

4. Echa los laterales **C** y **D** hacia atrás y pega las puntas. Dobla las orejas hacia fuera para darles movimiento.

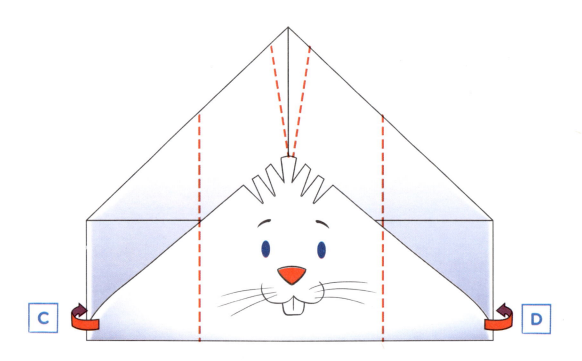

5. Finaliza la dobladura y juega con el conejo de papel.

Papiroflexia con los niños, de Maryse Six. Barcelona: Editorial Zendrera Zariquey, 2002. p. 12-13. (Texto adaptado).

LECCIÓN 1 - EL CUERPO HUMANO

- Página 12

LECCIÓN 2 - LOS DEPORTES

- Página 25

LECCIÓN 4 – MI BARRIO

- Página 136

LECCIÓN 5 – LOS ALIMENTOS

- Página 138

LECCIÓN 7 – LA GRANJA

- Página 143

LECCIÓN 8 – LA NATURALEZA

- Página 97

BLANCANIEVES

Cuento de Jacob y Wilhelm Grimm
Adaptado por Amanda Valentin
Ilustrado por Fabiana Salomão

Aluno: ....
Escola: .... Turma: ....

editora scipione

Érase una vez una reina que quería mucho tener una hija. No mucho tiempo después le nació una pequeña princesa muy bonita que tenía un cutis blanco como la nieve, sonrosada como la sangre y de cabello negro. Su nombre era Blancanieves. Pero después de nacer la hija, murió la reina.

Un año más tarde el rey volvió a casarse. La nueva reina era muy bella, pero orgullosa y maldadosa. Tenía un espejo mágico y, cada vez que se miraba en él, le preguntaba:

—Espejito en la pared, dime una cosa: ¿quién es de este país la más hermosa?

Y el espejo siempre le contestaba:

—Tú eres la más hermosa en todo el país.

La reina quedaba satisfecha, pues sabía que el espejo decía siempre la verdad.

Blancanieves se hacía más bella cada día. Cuando cumplió los siete años, era mucho más hermosa que su madrastra. La reina se puso muy celosa.

Un día la reina preguntó al espejo mágico:

—Espejito, ¿quién es de este país la más hermosa?

Respondió el espejo:

—Reina, tú eres como una estrella, pero Blancanieves es mil veces más bella.

Así, la malvada madrastra no pudo tolerar más la presencia de Blancanieves en el palacio y ordenó a un cazador que la llevara al bosque y la matara. Como ella era muy joven y afectuosa, el cazador se apiadó de la niña y le aconsejó que buscara un escondite en el bosque.

Blancanieves corrió mucho, huyendo del palacio. Por fin, cuando ya cayera la noche, encontró una casita y entró para descansar.

Todo en la casa era pequeño, pero muy limpio y arreglado. Cerca de la chimenea había una mesita con siete platos muy pequeñitos, siete tacitas de barro y, al otro lado de la habitación, siete camitas muy ordenadas. La princesa, cansada, se echó sobre tres de las camitas y se quedó dormida.

Por la noche, llegaron los dueños de la casita, que eran siete enanitos que se dedicaban a excavar minerales en el monte.

—¡Qué bella niña! —exclamaron.

Se acercaron para admirarla. Por la mañana, Blancanieves sintió miedo al despertarse y ver a los siete enanos que la rodeaban. Ellos la interrogaron tan suavemente que ella se tranquilizó:

—¿Cómo te llamas?

—Me llamo Blancanieves.

—¿Y cómo llegaste a nuestra casa? —siguieron preguntando los hombrecillos.

Entonces la princesa Blancanieves les contó que su madrastra había dado orden de matarla, pero que el cazador le había dejado huir, y ella había estado corriendo todo el día, hasta que, al atardecer, encontró a la casita.

Los enanos le preguntaron afablemente:

—¿Quieres permanecer en nuestra casa? Así nada te faltará.

—¡Sí! —exclamó Blancanieves—, con mucho gusto. —Y se quedó con ellos.

A partir de entonces, cuidaba la casa con todo esmero, mientras ellos salían a la montaña a trabajar. Durante el día, la niña se quedaba sola, por eso los buenos enanos le advirtieron:

—¡Ten cuidado! ¡No dejes entrar a nadie en la casa!

Un buen día la reina, segura de volver a ser la primera en belleza, se acercó a su espejo y le preguntó:

—Espejo mágico, ¿quién es de este país la más hermosa?

Y respondió el espejo:

—Reina, eres aquí como una estrella; pero, en la casa de los enanos, vive Blancanieves, que es mil veces más bella.

La reina se asustó y percibió que el cazador la había engañado. Pensó entonces en otra manera de matar a Blancanieves.

Disfrazada, la malvada reina preparó una manzana con veneno, cruzó las siete montañas y llegó a casa de los enanos.

Blancanieves pensó que aquella anciana no era peligrosa. La invitó a entrar y aceptó la manzana que la reina le ofreció. Sin embargo, con el primer mordisco que dio a la fruta, la princesa Blancanieves cayó como muerta.

Al llegar al palacio, la reina preguntó al espejo:

—Espejito, ¿quién es de este país la más hermosa?

Le respondió el espejo:

—Reina, eres la más hermosa en todo el país.

Sólo así se aquietó la reina.

Aquella noche, cuando los siete enanos llegaron a la casa, encontraron a Blancanieves tendida en el suelo. No respiraba ni se movía. Los enanitos lloraron mucho porque pensaron que ella estaba muerta.

Juntos, hicieron un ataúd de cristal y, colocándola allí, la llevaron a la cumbre de la montaña. Todos los días los enanos iban a la montaña para cuidar a la amiga y velarla.

Y así estuvo Blancanieves mucho tiempo, reposando como dormida, pues seguía siendo hermosa y delicada.

Sucedió, entonces, que un príncipe, que se había metido en el bosque, vio a la bella niña en su caja de cristal y pudo escuchar la historia de labios de los enanos.

El príncipe pidió a los enanos que le concedieran dar un beso en tan hermosa mujer. Al besarla, la princesa abrió los ojos y recobró la vida. Hubo gran regocijo, y los enanitos bailaron alegres mientras Blancanieves aceptaba ir al palacio y casarse con el príncipe.

Al saber que Blancanieves estaba viva y, además, había encontrado el amor, la reina se quedó muy rabiosa y rompió su espejo mágico. Apenas el espejo se rompió, la malvada reina cayó muerta al suelo.

Y así Blancanieves pudo vivir feliz con su príncipe por muchos y muchos años.